# 四大会计师事务所

## 历史秘辛与未来挑战

# THE
# BIG
# FOUR

The Curious Past and Perilous Future of the
Global Accounting Monopoly

(Ian D. Gow)　　　(Stuart Kells)

〔澳〕伊恩·D.高　斯图尔特·凯尔斯 ____ 著　李健屏 ____ 译

机械工业出版社
CHINA MACHINE PRESS

## 图书在版编目（CTP）数据

四大会计师事务所：历史秘辛与未来挑战 /（澳）伊恩·D. 高（Ian D. Gow），（澳）斯图尔特·凯尔斯（Stuart Kells）著；李健屏译 . —北京：机械工业出版社，2024.2

书名原文：The Big Four: The Curious Past and Perilous Future of the Global Accounting Monopoly

ISBN 978-7-111-74684-3

Ⅰ. ①四⋯　Ⅱ. ①伊⋯ ②斯⋯ ③李⋯　Ⅲ. ①会计师事务所–介绍–世界Ⅳ. ① F233.1

中国国家版本馆 CIP 数据核字（2024）第 001467 号

机械工业出版社（北京市百万庄大街 22 号　邮政编码 100037）

策划编辑：王　颖　　　　　　责任编辑：王　颖
责任校对：曹若菲　李小宝　　责任印制：单爱军
保定市中画美凯印刷有限公司印刷
2024 年 3 月第 1 版第 1 次印刷
170mm×230mm · 15.5 印张 · 1 插页 · 158 千字
标准书号：ISBN 978-7-111-74684-3
定价：69.00 元

电话服务　　　　　　　　　　网络服务
客服电话：010-88361066　　机　工　官　网：www.cmpbook.com
　　　　　010-88379833　　机　工　官　博：weibo.com/cmp1952
　　　　　010-68326294　　金　书　网：www.golden-book.com
封底无防伪标均为盗版　　　　机工教育服务网：www.cmpedu.com

　　大名鼎鼎的四大是指哪几家会计师事务所？会计师事务所的职能是什么？它们对全球政治和经济发展有哪些重要影响？四大是如何取得国际性大所的地位的？它们的企业文化如何，它们如何招募员工？

　　近几十年来，在全球有名的企业财务造假丑闻中，为何几乎都有四大的身影？会计师行业面临哪些监管政策和要求？

　　在当前科技化、人工智能席卷全球的风潮中，四大面临着哪些技术挑战？AI会取代会计师吗？四大未来将走向何方？

　　以上这些问题，在本书中都可以找到答案。

　　本书从中世纪以来欧洲和北美会计行业以及四大会计师事务所的起源开始，追溯了四大会计师事务所的发展历程，介绍了四大的文化特征，评价了四大的商业模式、社会影响力以及当前面临的行业风险和技术挑战，并对会计师事务所的未来进行了思考和展望。

　　本书对四大作为"社会诚信守护者"的社会责任、遵循的职业价值进行了深入的探讨，重点揭示了20世纪60年代以来，导致各大会计师事务所深陷一系列企业重大财务造假丑闻并为之付出惨痛代价的深刻根源：多元化业务模式造成审计与管理咨询业务之间根本的利益冲突。既做裁判员又做运动员的矛盾不可避免地影响了四大的职业价值观和审计质量。四大的专业、诚信与独立性一次次地遭受考验，这也引起了公众对四大职业地位和社会责任的质疑。四大过去因审计成为英雄，现在也因审计而备受质疑。是退守审计还是继续多元化发展？是坚持做"诚信的守护者"还是继续追求利益最大化？这是四大当前面临的重大挑战。

本书还指出，伴随着新技术、新经济业态的兴起，四大在审计技术、组织形式、劳动用工等方面也遭遇各种颠覆性挑战。四大要如何改变才能适应新技术的要求？作者在书中也对此进行了开放式的思考。

本书作者伊恩·D.高和斯图尔特·凯尔斯对会计、商业和金融的历史和现状有着深入的研究和见解，他们收集和参考了大量文献资料，采访了众多行业相关人物，从历史、人文、经济等诸多方面为读者呈现了一幅会计师事务所行业发展史的生动画面。本书的内容令人惊叹，它不仅是一部翔实的历史，也是一部精彩纷呈的故事集，囊括了各种奇闻逸事、幕后花絮、重大事件……向读者展现了四大会计师事务所鲜活的面貌，以及它们与世界的紧密联系。

本书读者群体相对广泛，无论是经管专业的学生、会计及审计行业从业人员、企业管理人员、监管人员，还是对公司治理和企业投资有兴趣的人士，都能从阅读本书中获取相应知识或者借鉴相关经验。

作为本书的中文译者，我感到非常荣幸。我曾就职于会计师事务所，并从事了多年跨国审计和财务管理工作，对本书的主题及内容有浓厚的兴趣并且认同作者关于会计师事务所未来发展趋势的观点。同时，我对这个行业充满感激之情，它培养了我严谨专业的审计技能、求真务实的工作态度和作风，并且带给我一段精彩的人生经历，让我有机会在许多国家和地区开展工作，看到了更广阔的世界。

感谢机械工业出版社将这本书引入国内，让更多人能够了解会计师事务所行业的起源、发展和未来，也感谢编辑老师给予我翻译本书的机会，让一个行业老兵对培养我的这个行业做出一点贡献。

2024 年 1 月

# 科学、魔法和四大的缘起

　　19世纪，世界上第一个国家级会计专业组织——英格兰及威尔士特许会计师协会（Institute of Chartered Accountants in England and Wales）成立。成立伊始，协会便迅速组建了自己的餐饮俱乐部、体育俱乐部以及一座图书馆。在图书馆最初的馆藏中，珍藏着一本文艺复兴时期著名数学家卢卡·帕乔利于1494年所著的应用数学领域划时代巨著——《数学大全》。

　　《数学大全》阐述了如何记录分类账、存货、负债和费用支出账户，它开创性地将阿拉伯数字引入欧洲，并且推动了复式记账法的传播和普及。"分类账中的每一个贷方，"帕乔利写道，"必然有一个对应的借方，有借必有贷。"这位智慧的学者建议企业主们遇到问题时，不要再向占星师或者隐士寻求指点，他认为"一个商人若想成功，必须要有可用的资金、优秀的簿记员以及最新的会计核算方法"。

　　帕乔利属于一个尊贵的学术流派。复式记账法和制图学、透视学以及弹道学一样，是科学革命中最早出现的科学创新之一。德国博学多才的约翰·沃尔夫冈·冯·歌德认为，复式记账法是"人类智慧最伟大的创造之一"。

令人惊叹的是，人类在摸清月球运转和子弹加速原理之前，就已经开始了对货币的精准计量。自然科学，例如天文学和物理学，从早期的财会相关学科中吸收、学习了很多，一些物理学和宇宙学的先驱，也都学习过经济学和会计学。例如，哥白尼不仅研究行星，还研究货币改革⊖；伽利略教过簿记学，并且从该学科中获益良多；牛顿爵士于 1696 年被任命为英国皇家铸币厂厂长，并在此职位上创造了一直使用到 20 世纪下半叶的"金本位制"。⊜

在科学发展的早期，数字的应用包罗万象，无论在应用科学领域还是在非应用科学领域都是如此。第一批拉丁语和意大利语算术教科书，会教读者变戏法、占星术、幻术、把戏、讲笑话、咒语和黑魔法。当我们以现代人的眼光回看过去，会发现早期数学和魔法之间的界限几乎模糊不清。实际上，数学和秘术之间的关系源远流长。早在公元 5 世纪，古罗马神学家圣奥古斯丁就曾警告世人："善良的基督徒要对数学家和所有做出空口预言的人保持警惕。危险迫在眉睫，数学家已与魔鬼结盟，会让人们的灵魂蒙上阴影，并把人们禁锢于地狱。"

公元 13 世纪，当英国哲学家和自然科学家罗杰·培根倡议使用阿拉伯数字时，教会指控他是在施展魔法，并判处他终身监禁。即使在这些看上去怪模怪样的阿拉伯数字被引入欧洲很久以后，它们仍然摆脱不了被视为异端的局面。然而，不可否认的是，阿拉伯

---

⊖ 他也教授过防御工事数学，包括如何修建"星状堡垒"来抵御军事攻击。
⊜ 据说，数学家卡尔·弗里德里希·高斯在 3 岁的时候就能指出其父在财务计算中的一个错误。

数字让西方文化受益匪浅。这些来自亚洲的数字，比罗马数字更实用，也更通用，它们的广泛应用打开了现代数学的大门，也由此诞生了现代会计学。

复式记账法建立在"一个组织的资产恒等于负债与所有者权益之和"的逻辑基础上。这在当时是一个颠覆性的新观点，与之前财务文献中反映的逻辑截然相反。以1086年颁布的《末日审判书》（The Domesday Book）为例，该文件记录了威廉国王的财产权、宗教权、法律特权、征税权和应承担的责任，但没有任何负债的记录。相比于清点负债，专制的君主们更乐于数自己兜里的金子，也就是说，他们更乐意盘点他们所有的，而不是所欠的。中世纪晚期，复式记账法在银行家和商人之间的蓬勃兴起，反映了当时社会、政治、经济结构的变化，也反映了权力已经向文艺复兴的中坚力量进行了转移。

因为其开创性的内容和在珍本书市场的重要价值，帕乔利的《数学大全》是英格兰及威尔士特许会计师协会最珍贵的收藏之一。作为一本"古版书"（指1501年前印刷的书籍），《数学大全》是目前公认的最早关于数字的印刷图书之一。最近，在米兰图书拍卖会上，一本偶然在旧壁橱中被发现的、羊皮纸精装的《数学大全》被拍出了53万欧元的高价。这两本书是目前少量还幸存于世的珍本书，其他大部分于1494年印刷的《数学大全》都已经在历史的长河中被老师、学生、簿记员和商人们反复翻阅成了碎片。

协会的其他珍贵收藏还包括1543年在安特卫普出版的《簿记论》和世上现存唯一一本完整的《记账方法与格式指南》（*The maner and fourme how to kepe a perfecte reconying*）。《簿记论》的作者简·英平·克里斯托弗尔是一位丝绸行商，这本书的英文版和法文版的出版和发行，将复式记账法推广到了西欧。《记账方法与格式指南》于1553年在伦敦出版，作者是詹姆斯·皮尔，书中附有简洁美观的分类账示例。

　　1966年，英格兰及威尔士特许会计师协会的图书馆被誉为全球会计及相关专业图书收藏最完整的图书馆。由此，诞生了一个重要理念：完善的簿记体系是国家治理和商业成功的基石。现代会计业，就兴起于这个理念。会计师事务所承诺会引导它们的客户穿越险境，并取得商业上的成功。这种广泛的信任，为全球最大的四家会计师事务所，即我们所说的"四大"，带来了滚滚财源。公众对会计师事务所的信心是如何建立的？会计师事务所是否值得信赖？作为帕乔利、克里斯托弗尔和皮尔的继承人，会计师事务所的地位是否稳如泰山？

# |目 录|

# 第二部分　成年

# 第三部分　成年后的困境

# 第 1 章

# 简　介

　　"四大"，是指德勤（Deloitte）、安永（EY）、毕马威（KPMG）和普华永道（PwC）这四家国际性的大型会计师事务所。四大的诞生，可以追溯到几个世纪以前。四大的发展历程，是一段集合了财富、权力和运气的精彩纷呈的历史。四大的影响，已经渗透我们的工作、管理、投资和社会治理等许多重大方面。

　　由于四大广泛的影响力，它们既收到过许多正面评价，也有不留情面的批判。这四家事务所无一例外都取得了辉煌的成就，并经历了跌宕起伏的发展历程。它们光鲜亮丽的外表下是一个个生动的传说，既有绚烂的成功，也有道德的妥协、职业的焦虑、糟糕的投资、吃相难看的并购、上不得台面的利益关系以及神秘的仪式。

　　在会计这个被普遍认为有些枯燥乏味并且低调的行业中，四大可以说是当之无愧的明星，拥有耀眼的成功。2011 年，四大的总营收首次突破 1 000 亿美元大关，之后更是持续攀升，并于 2016 年超过 1 300 亿美元。2017 年，在普华永道于当年的奥斯卡颁奖礼上闹出"奥斯卡颁奖大乌龙事件"<sup>⊖</sup>之前，它和迪士尼、耐克以及乐高等企业一起名列全球"十大最具影响力品牌"。

倘若将在全球拥有约 100 万名在职员工（不含外包员工）的四大看成一个整体，四大毫无疑问是世界上最大的雇主之一。它们直接雇用的员工人数，比俄罗斯军队的现役军人还要多。如果算上曾经在四大工作过的员工，四大的雇员数量更是多不胜数。这些四大的前员工，很多已转入了其他专业服务机构工作，或者已在企业或政府中升任要职。他们在工作中，要么完全遵循"四大方式"，要么反其道而行之。

四大已经正式融入现代金融和民主运行体系，成为不可分割的一部分。它们也积极地与发展中或者刚进入发达国家行列的政府建立联系，像在中国，它们是经济繁荣的推动力，也是监管的主要目标。

四大在会计、税务和审计服务等重要领域，都占据着主导地位。例如，几乎所有英、美大型企业，都会聘请四大的其中一家或多家作为其审计师。2017 年，标普 500 指数的 500 家企业中，有 497 家聘请四大做审计。不仅如此，几乎所有这些大型企业，还同时聘请四大为其提供管理咨询服务。2017 年，仅普华永道一家会计师事务所，就向《财富》世界 500 强中的 422 家提供了各式服务。

---

⊖ 奥斯卡颁奖大乌龙事件：普华永道负责奥斯卡奖的计票，在 2017 年的奥斯卡颁奖礼上，普华永道弄错了装有"最佳影片"获奖者的信封，让颁奖现场出现了巨大的乌龙。——译者注

如果没有会计师、审计师和管理咨询顾问，现代经济似乎已无法正常运转。

四大能够发展到现在的规模，经过了多次复杂的商业联姻和结盟，过程之复杂与反复堪比生物分型。20 世纪 80 年代，商界大规模的企业并购蔚然成风（虽然并购动机存疑）。以美国为例，有泛美航空并购国民航空，标准石油并购肯尼科特铜矿，还有坎普公司对联合百货公司的恶意收购——被《财富》杂志评价为"有史以来规模最大、最愚蠢的并购交易"。同期，会计师事务所的合并也进入高潮。1986 年，皮特马威会计师事务所（Peat Marwick）和欧洲的 KMG 会计师事务所合并形成毕马威会计师事务所。1989 年，恩斯特和惠尼会计师事务所（Ernst & Whinney）与阿瑟杨事务所（Arthur Young）合并形成安永会计师事务所。同年，德勤哈士钦斯和塞尔会计师事务所（Deloitte Haskins & Sells）和图谢罗斯事务所（Touche Ross）合并形成德勤会计师事务所。伴随着后两宗合并的完成，全球"八大"会计师事务所减少到"六大"。

早在 5 年前的 1984 年，德勤哈士钦斯和塞尔事务所一度想联姻普华事务所（Price Waterhouse）。二者的合并看上去是天作之合：它们有着相似的历史背景，最早可以追溯到早期在伦敦执业时期；都担任过英国铁路公司的顾问，并协助建立了会计师行业的职业声誉。它们的合并如果成功，一个现代巨无霸企业将会诞生。当时，仅在美国，德勤哈士钦斯和塞尔事务所就有 103 家分支机构和 8 000 名员工；普华事务所也有 90 家分支机构和 9 000 名员工。但是两家事务所内部对这个合并提议反对激烈，反对者声称，两家事务所的文化截然不同。实际上，二者的文化差异并不大，但是在会计业整体一致性的大背景下，再小的差异也会被放大。最终，在合伙人的全球公投中，这个合并提议被否决。

1989 年，普华事务所又一次启动了合并谈判，这次的合并对象是由一名前普华员工创立的行业新贵——安达信会计师事务所（Arthur Andersen）。但是，普华的这次合并，又以失败而告终。直到 9 年后，普华事务所才最终与永道事务所（Coopers & Lybrand）成功结盟，形成现在的普华永道会计师事务所（PricewaterhouseCoopers），将会计师行业的"六大"进一步缩减到"五大"。

不久之后，安永和毕马威也开始谈合并，但是双方最终还是没能走到一起。（谈到成功合并的困难时，安永中国主席叹道"这就像是追美女，可能莫名其妙就会被拒"）。即便如此，"五大"却通过一种完全令人意想不到的方式变成了现在的"四大"。2002 年，安然公司、世通公司和美国废品管理公司的财务造假丑闻爆发，牵涉其中的五大会计师事务所之一的安达信会计师事务所以惊人的速度解体出局，留下现在的"四大"。这就是当今会计师事务所行业的集中现状，大所之间再出现新的合并已几无可能。

自此，四大的地位稳如泰山，业务也蒸蒸日上。实际上，四大如日中天的情形不可避免地引起了监管机构和评论家对其垄断的关注。相比法律和工程等其他行业，会计行业的竞争并不激烈。而在审计领域，竞争尤为薄弱。2016 年伦敦《金融时报》的编辑就呼吁在审计领域引入更多竞争，他说："四家事务所太少了，事务所的稀缺会使得对该行业的严格监管变得更加困难。"

实际上，在安达信退出"五大"以前，会计师事务所的垄断已经引起了社会的关注。1997 年，能多洁公司财务总监及富时 100 指数公司财务总监联合会主席克里斯托弗·皮尔斯接受《经济学人》杂志采访时说，普华和永道的合并"将减少企业对审计机构的选择，加剧利益冲突"。早在 1976 年，美国参议院的《梅特卡夫报告》也表达了对垄断的担忧："相比于其他会计师事务所，'八大'的规模和影响力是如此之大，以至于它们已经几乎可以控制整个美国的会计和审计行业。"关于垄断和寡头的经济文献也出现了很多。在一个被垄断的市场中，垄断者可以轻易提高价格，降低工作效率和工作质量。由于四大在审计服务领域的垄断，观察家们已经注意到了其审计服务的商品化，以及审计结果可信度的降低。

表面上看，会计和审计行业都已经进入了一种默契的平衡态势。事务所在各种行业论坛上协作；员工在各事务所间自由流动；各事务所的市场地位和业务线相当，在定价、工作成果和市场战略方面互相模仿。然而，无论默契与否，变革终将到来。如今，事务所正站在新时代的前沿，面临着一个不确定的未来。在本书中，通过回顾历史、展望未来，我们将讨论四大各主要业务领域所面临的巨大压力，例如会让传统审计方式迅速变得过时的技术革新和出现的新竞争等。总之，变革的压力已经势不可挡，会计和审计行业在 5 年之内势必会变得与现在不同。

变革也许会来得更早，也可能会伴随着各种混乱。20 世纪 70 年代以来，大型会计师事务所屡屡陷入危机，各种各样的诉讼更是绵绵不绝。特别是那些涉及四大审计失职的诉讼案，几乎让四大身陷绝境。2011 年，英国特许公认会计师公会就发表了它对会计师事务所"可能面临灾难性诉讼"的担忧。

就在距离现在较近的 2016 年，普华永道在遭遇了天体生物学家所谓的"灭绝性灾难事件"（ELE）后，勉强逃过一劫。Taylor, Bean & Whitaker，即 TBW 是一家美国房地产抵押贷款公司。TBW 公司主席兼大股东李·法卡斯（Lee Farkas）策划了一场骗局，导致 TBW 与其最大的分支机构（也是最大的债权人）——全美 25 家大银行之一的殖民银行破产。这场骗局涉及资金转移、伪造虚假抵押物以大幅虚增 TBW 和殖民银行的资产价值。在 FBI（美国联邦调查局）突击检查了 TBW 总部后不久，TBW 和殖民银行旋即宣告破产。作为美国有史以来第六大、金融危机以来第三大，也是 2009 年以来最大规模的银行破产案，殖民银行的破产，给美国联邦储蓄保险公司（FDIC）带来了约 30 亿美元的损失，上千名员工失去了饭碗，无数的诉讼接踵而至。

联邦检察官评价法卡斯是一个"老谋深算的诈骗犯"，其他人称呼他为"魁梧的大学辍学生""撒谎成性的骗子"，说他"既慷慨又邪恶"，员工也纷纷被他洗脑。他和他的同犯一起，被指控向美国证券交易委员会（Securities and Exchange Commission，SEC）和美国政府国民抵押贷款协会（Ginnie Mae）提交重大虚假财务信息。2011 年，法卡斯被判有罪，罪名包括挪用 30 亿美元公款，以及企图骗取 5.7 亿美元不良资产救助计划资金以支持殖民银行。法卡斯将上述资金挥霍在购买鱼子酱、度假屋、老爷车、私人飞机、游艇、脱衣舞俱乐部和多个巴西或亚洲风味的餐馆上。法卡斯最终被判处 30 年监禁，并被关押在北卡莱罗纳州一个中等安保级别的监狱服刑，与美国历史上最大的庞氏骗局炮制者伯尼·麦道夫成为同监狱友。TBW 的前 CEO 保罗·艾伦、前 CFO 达特·阿玛斯和前财务主管德西蕾·布朗也都分别被判处有期徒刑。

普华永道在 2002～2008 年期间，连续担任殖民银行的母公司——殖民银行集团（Colonial BancGroup）的年审会计师。TBW 的破产管理人指控 PwC 审计失职，对显而易见的财务造假行为视而不见，并且对那些实际上不存在，或者不属于公司，或者毫无价值的资产确认了超过 10 亿美元的资产价值。破产管理人后续对普华永道发起的诉讼，让这家会计师事务所面临着审计行业有史以来金额最大的索赔——55 亿美元。

2016 年 8 月，普华永道与起诉人达成了和解。虽然和解金额未对外透露，但被公认是四大历史上金额最高的赔偿之一。TBW-殖民银行金融欺诈案及其后续影响，出现在一部名为《美国贪婪》（American Greed）的电视连续剧中，对审计师来说，这部电视剧必然会让他们看得无比煎熬。然而煎熬还远未结束，在我们写作此书时，普华永道仍然身陷由美国联邦储蓄保险公司发起的 TBW 相关诉讼案中。同时，美国联邦储蓄保险公司还起诉了殖民银行的前内部审计师——国富浩华会计师事务所（Crowe Horwath）。

2005 年，毕马威也遭遇了一次灭顶之灾——美国政府指控这家会计师事务所向客户提供的避税方案，蓄意损害美国国税局（IRS）的利益。毕马威的避税方案据说为自己带来了超过 1 亿美元的收入，却让美国公众损失了数十亿的税收。幸运的是，美国政府决定不起诉毕马威。政府担心，对毕马威定罪会摧毁这家事务所和现代企业审计体系。立法者们也顾虑，如果没有了毕马威，四大变成三大，美国将缺乏足够数量的大型会计师事务所进行企业审计。虽然幸免于难，但毕马威仍心有余悸，如果不是天大的好运，它可能会遭遇跟前竞争对手安达信一样的倾覆命运。

其他事务所也麻烦不断。20 世纪 90 年代初期，安永不得不因为在储贷危机中的业务失误，支付超过 4 亿美元的赔偿。为此，安永还被迫在报纸上发表了整版的声明，对这项赔偿将导致安永破产的传言进行辟谣。2010 年，安永再次陷入纠纷，在经历了一系列诉讼后，被指控"多种失职和共谋"。在 2008 年那场自大萧条以来最严重的金融危机中，四大纷纷卷入各种麻烦，并备受争议。例如，德勤在殖民银行破产前几年曾担任 TBW 的审计师，2013 年，德勤也因三起 TBW 相关诉讼案做出了赔偿。

同样危险的是，四大也被卷入了一连串的税务丑闻，包括卢森堡泄密事件和天堂文件⊖事件。我们当前处于一个透明化和数字化的新时代，在税务咨询领域，这些特征尤其突出。

四大都已临近危险的深渊，监管机构和立法机构甚至建议它们准备好"生前遗嘱"（living wills）——这是一个从银行业借鉴而来、听上去让人心情晦暗的术语。生前遗嘱的主要内容包括：对紧急情况下客户和合同的有序转移、对可存续发展业务的切割保护，以及

---

⊖　天堂文件是指 2017 年 11 月 5 日被曝光的一份财务报告，该报告揭露了数以百计知名公司和个人的离岸利益。这批泄密文件不但曝光了特朗普内阁成员的大量海外交易，还揭露了英国女王伊丽莎白二世在被称为"避税天堂"的开曼群岛以私有财产投资数百万英镑的基金。——译者注

对不能存续的业务快速结业清算等事项做出应急安排。除此以外，生前遗嘱还包括与监管机构达成协议，在企业倒闭时，如何对资产、员工和资金进行处置。

　　会计师事务所倒闭后会是什么光景？安达信的失败就是一个生动的案例。安达信在 2002 年被判妨碍司法公正罪后，员工从 85 000 名迅速缩减到 200 名（2001 年底，安达信的全球 CEO 乔·博拉迪诺视察海外分支机构时，还安抚员工说公司一切正常）。在倒闭前的数月，安达信已经沦为一个广泛的笑料。例如，2002 年 1 月，在华盛顿举办的苜蓿草俱乐部晚宴上，时任总统的乔治·布什开玩笑说他刚收到萨达姆·侯赛因的短信："好消息是他同意让我们检查他的生化武器装备，"布什说，"坏消息是他坚持让安达信来执行这项检查。"

　　安达信事件的余波影响深远：优秀毕业生选择加入会计师事务所工作的意愿越来越低；民意调查的受访者普遍认为会计师的职业操守不高；政府也通过颁布《萨班斯－奥克斯利法案》对事务所施加了更多监管。然而，最大的影响，却落到了前安达信员工身上。大部分员工都"与安然项目没有任何关系，却还是因为安然事件失去了工作"，他们都被"安然化"了。

　　作家罗伯特·赖克（Robert B. Reich）说：

　　　　部分安达信的高级合伙人跳槽到其他会计或咨询机构，全球 CEO 乔·博拉迪诺……在一家私营企业中获得了一份待遇丰厚的工作，另外一部分高级合伙人则重新组建了一家会计师事务所。但是许多低层级员工受到了重创，在安达信被判有罪

3年后，仍有大量的失业员工找不到工作。

合伙人和员工失去了大部分退休福利。当美国最高法院最后推翻了之前对安达信的有罪判决后，一位前安达信员工在网上向前同事们喊话："这是否意味着，我们可以集体起诉美国司法部（DOJ）毁掉了我们的生活？"

\*

在许多商业和经济学文献中，企业的典型形象是：生产有形商品的公司。然而，在现代经济中，这类公司的代表性已经越来越弱。提供服务、交易知识产权的企业，近来发展得尤为蓬勃兴盛，四大就是其中的典型。分析四大是如何偏离传统的标准企业形象，对经济学和商业研究，都有巨大的现实意义。

四大提供了一个深入研究服务型企业的珍贵机会，然而，这个机会至今仍未被充分利用。尽管四大的重要性和成功不言而喻，尽管四大当前身处危境，但是关于四大及其经营的研究资料却惊人地稀少，而且在寥寥无几的现存研究文献中，大多还都带有特定的视角。总体而言，现存的审计和会计学术文献，研究视角较为狭窄，缺乏对历史背景的深入探究，从态度上来说，对四大推崇备至，或者至少不是挑战性的。而且，就像Cooper & Robson 在 2009 年指出的，大多数会计师事务所的历史，都在特定视角和导向下，被"辉格化"⊖了。它们倾向于突出少数领导人物以及那些在应对客户

---

⊖ 辉格化：由历史学家赫伯特·巴特菲尔德提出，指历史学家用现在的观点来研究过去，即带着既定观点或色彩来解释历史。——译者注

和市场需求方面能体现理想职业形象的成功事件。Burrage 在 1990 年对会计行业的历史研究中，也提出了类似的批评：

> （历史学家们）总是偏好研究行业精英和那些引起监管机构关注的重大事件。他们鲜少研究行业普通从业人员的工作情况，鲜少提及其他行业，也鲜少研究行业变革背后的深层次社会原因，因此几乎找不到任何批评这个行业的理由。他们的主要任务，就是对行业中的领导人物歌功颂德。

还有一个让人们难以了解会计行业真实面貌的因素是：现存关于四大的历史文献，大多都是由四大自己委托编撰的。在四大的营销和对外沟通中，它们所宣扬的企业发展史，几乎如出一辙。然而，就像很多大企业的历史所显示的那样，企业对外公布的形象与事实的真相，总是有着天壤之别。我们在研究四大的过程中，也发现了相同的情况。相比于修饰过的版本，真实的四大历史更多姿多彩、引人入胜。

在本书中，我们试图通过了解四大的历史和现状，展望其可能的未来。考虑到我们的个人兴趣和写作背景，我们采用了一种自认为另辟蹊径的写作方式。以撰写《凯恩斯传》闻名于世的英国作家罗伯特·斯基德尔斯基于 2016 年曾写道：

> 现今的职业经济学家……几乎"仅仅埋首于"经济学研究，他们甚至都不去阅读本专业的经典名著。他们对经济史的了解，如果有的话，都来自数据库。他们沉迷于高深和费时费力的数理研究，却对能够帮助他们了解经济方法局限性的哲学研

究不屑一顾。他们就是当代学者中的白痴。

斯基德尔斯基对经济学家的批评，同样适用于如今的许多会计学家，也让我们时刻引以为戒。故此，在本书中，我们对会计学在历史和社会中的地位进行了深入研究。

会计师事务所使用的工具，来自历史长河中人类智慧的一系列创新和发明，包括阿拉伯数字的应用、数字"0"的发明、分数的出现、资产和负债概念的界定，以及天才的复式记账法的诞生。因此，当前会计学面临的困境，都可以从科学、商业和文化的历史中找出其深刻的根源。为了能够深入"透视"四大，我们进行了广泛的资料查证，不仅参考了标准的经济学文献，还阅读了英国文学家狄更斯和萨克雷、意大利数学家帕乔利和斐波那契、英国生物学家达尔文和美国中情局前雇员斯诺登的相关著作。所以，本书所要讲述的，不是关于会计概念或会计机构的历史，而是关于身处其间的、有血有肉的、难免会犯错的人的故事。

四大的企业文化丰富多彩，包括销售目标、360度测评、休闲星期五、职业道德会议、职业资格会议、站立会议、流动性办公、劳务外包、家庭日、排名和淘汰、升级或出局、大额离职补偿等。我们希望能够通过内外兼顾的视角，精准捕捉四大的企业文化特质，向读者展示真实的四大生活。

四大的历史源远流长，可以从近代一直追溯到中世纪、古罗马时期甚至更早。在古美索不达米亚，最初的会计和审计人员会评估庄稼收成、记录王室开销、清点岁贡和税收。他们的活动被记录在泥板上，这种泥板书的出现比《数学大全》还早了几千年。簿记员们大可以宣称，是他们发明了书写方式，并创作了世上最早的书。

我们选择从中世纪晚期和文艺复兴时期的美第奇银行开始，讲述四大的故事。辉煌的美第奇银行，奠定了现代银行和金融业的基础。四大的诞生，很大程度上也是源于美第奇银行创立的合伙人制度和专业传承。不仅如此，美第奇银行的历史，和早期那些会计学先驱的生活和故事一样引人入胜。因此，我们将透过美第奇银行和英国铁路史，开启对四大起源和终点的探寻之旅。

四大的终点包括公司化、数字化以及按照监管要求进行分立，例如由四大分立成"八大"，或者分立成更多数量的纯粹提供审计服务或纯粹提供咨询服务的机构。无论是哪种形式，四大迫在眉睫的变革将对事务所员工、合伙人、客户以及经济体系带来巨大的影响。本书的写作目的之一，便是帮助大家为即将到来的变革做好准备。

我们希望本书能够及时对四大的风险提出警示。通常，四大只有在铸成大错时，才会受到严格的审查，像是出现重大审计失误，或是卷入了并购丑闻等。然而，四大当前所面临的压力，同那些会导致它们陷入重大灾难的风险一样严峻和危急。

在1958年的《会计研究》杂志中，财经作家尼古拉斯·斯泰西解释了为什么现代文学作品中很少见到会计师的身影。他在文章中写到"会计师这个职业，与浪漫无缘"。我们不同意这个观点。在本书中，我们将努力呈现会计行业和四大发展历程中的浪漫、庄严和尊贵。

\*

本书包含四个部分。第一部分——"幼年"，主要探寻四大的经济和文化历史根源。我们研究了四大的全球合伙人体系在中世纪和近代的雏形，分析了当代会计师事务所的创办过程，讲述了四大早期的重大事件。本部分的重点是讲述早期的行业先驱、创始人及他们所处的时代背景，以及推动合伙制和会计行业产生的原动力。

第二部分——"成年"，主要反映四大的现状，包括四大如何定义自己，如何定义它们的职业价值和职业边界，四大名字的由来以及它们雇用什么样的员工。在这个部分中，我们着眼于四大当前企业文化的起源和特征。

第三部分——"成年后的困境"，主要分析四大当前在各主要业务领域面临的严峻挑战。在四大卷入的一系列丑闻背后，我们都注意到了相同的原因，包括公司内部不同业务线之间的根本利益冲突以及公司对审计业务明显的重视不足，但是审计业务对四大的品牌价值，尤为重要。在此背景下，我们讨论了"审计期望差"产生的原因，也关注了公众对"审计质量"的担忧。此外，在税务咨询领域，四大也麻烦不断。我们研究了四大涉及的税务丑闻，也分析了监管机构制定的最新披露要求如何打击了旧有的避税手段。在本部分结尾处，我们探讨了四大在它们最重要的新兴市场——中国所面临的各种挑战。

第四部分——"暮年"，主要关注四大所面临的危机和终局。我们展望了四大不久的将来，以及四大可能的"暮年"时光。四大所经历的挑战和灾难性事件，有太多经验教训值得总结和学习。我们讨论了四大在当前各种新旧压力的综合推动下，将如何发生彻底的变革。这些新旧压力，包括技术革新、监管行动和颠覆性竞争的出现。变革的影响，会对四大的员工、所有权、组织架构、全球网络、服务内容和工作方法等各个方面产生冲击。同时，我们将重回中世纪晚期和文艺复兴时期，思考一个国际化、多元化、分支机构众多的组织，是如何陷入万劫不复的境地。最后，我们将在对四大传奇历程的回顾中，结束本书。

## 第一部分

## THE BIG FOUR

# 幼　　年

我们在一些意想不到的地方发现了四大前身的踪迹，例如中世纪晚期的佛罗伦萨。四大的现代史，深受中世纪晚期到工业革命早期的美第奇银行的影响。几个世纪以后，美第奇银行的组织架构和人员配备，以及美第奇银行员工的工作和生活方式，仍在以奇特的方式重现。因此，在这个部分中，我们将主要探讨美第奇银行的起源与发展，在稍后的章节中我们将剖析美第奇银行对四大的影响，接着在本书第 14 章中，为了更好地理解四大的终局，我们将再次回归对美第奇银行的研究。

工业革命期间，尤其是在 19 世纪英国铁路行业快速发展的过程中，早期的金融丑闻也为四大的诞生奠定了基础。在这个部分中，我们也会对这个时代的背景、四大的主要创始人，以及指引他们工作的信仰和信念进行详细探讨。

# 第 2 章

# 盛名远播
## 四大的前身——美第奇银行

## 商贾之国

皮耶罗·德·美第奇（Piero de Medici），出生于 1416 年。因为身患严重的痛风，他也被称为"痛风者皮耶罗"（Piero the Gouty）。1464 年，在父亲过世后，48 岁的皮耶罗接掌了美第奇家族那闻名遐迩、盈利可观、运营良好的产业。皮耶罗的父亲科西莫·德·美第奇（Cosimo de Medici）和祖父乔凡尼·德·美第奇（Giovanni de Medici），将美第奇银行从一个家族生意经营成全欧洲最重要的私人企业，成为世界上最伟大的银行。

美第奇银行位于托斯卡纳的首府佛罗伦萨。中世纪晚期的佛罗伦萨经济繁荣、地位显著，是全球金融中心。弗罗林金币（florin），最早就是在这里发行并以此地命名。弗罗林金币在欧洲的广泛流通，进一步提升了佛罗伦萨的金融中心地位。

与中世纪晚期的大多数城市和国家不同，佛罗伦萨被一个商贾家族——美第奇家族统治着。美第奇银行的业务与佛罗伦萨的事务互相交织、盘根错节，银行与政治之间的边界模糊不清。因此，在科西莫过世后，皮耶罗所掌管的不仅仅是美第奇银行，还有佛罗伦萨的政权。

尽管美第奇银行的起源笼罩着各种传说和谣言，但它最初很可能发源于一个犯罪团伙。哈佛大学历史和金融学教授尼尔·弗格森在他的《货币崛起》一书中写道："14 世纪 90 年代以前，与其说美第奇家族是银行家，还不如说他们是强盗：一个以暴力著称的小型犯罪团伙。"美国历史学家吉恩·布鲁克在深入研究了美第奇家族的犯罪起源后，发现在 14 世纪中期，就有 5 件美第奇家族成员因犯谋杀罪被法庭判处死刑的案例。然而，美第奇家族每次都会凭借家族财富，让犯罪成员逍遥法外。除了谋杀以外，布鲁克还发现了一份犯罪记录，上面记载了美第奇家族成员在 1343 年到 1360 年间，犯下的其他暴力罪行。

野蛮和残酷可能是美第奇银行成功的两个早期因素，但是还有一个促使美第奇银行取得巨大成功的因素却不那么令人生畏，那就是复式记账法的应用。复式记账法在本质上满足了资本主义经济体系发展的需求。在企业所有权分散的情况下——就像托斯卡纳的合伙企业一样，复式记账法在利润核算和利润分配方面，是最理想的记账方法。这也正是中世纪晚期的佛罗伦萨商人，在复式记账法的发展和应用推广上，起着至关重要作用的原因。早在 1340 年，佛罗伦萨的企业就开始使用复式记账法。

文艺复兴时期，美第奇银行在将复式记账法推广到全欧洲方面，居功至伟。作为最早的国际金融机构之一，美第奇银行清楚地知道它需要重视银行资产所对应的各种索偿。虽然皮耶罗的父亲科西莫相貌异常丑陋（有人描述他皮肤苍白、眼睛大小不一、下巴前凸、唇薄发稀），他却广受佛罗伦萨民众的爱戴。不仅在佛罗伦萨，科西莫在国外也有着巨大的影响力。科西莫从他的父亲乔凡尼那里，了解到精细、严谨记账的重要价值，并且为自己建立了作为一名睿智的银行家和英明的统治者的良好声誉。

与天主教会之间的亲密关系（商业层面多于精神层面），是科西莫成功的关键因素。他精明地向那些有潜力升为主教、枢机主教，甚至教皇的人，提供经济资助。例如，当托马索·帕伦图切利还是博洛尼亚主教的时候，科西莫就向他提供必要的资金，帮助他成功上位。乔凡尼·德·美第奇也做过类似的投资，比如他就曾资助过当时正处于上升势头中、性格外向的那不勒斯人巴尔达萨雷·科萨。科萨早年曾当过海盗，并终生保持着海盗的本性，他向美第奇银行借钱以便能登上枢机主教的位子。帕伦图切利和科萨最终都成了教皇，在那个显赫的位子上，他们都对美第奇银行曾经提供的资助，给予了相应的回报。⊖

通过这种方式，美第奇家族成员成为教会最信赖的银行家，而教会的银行业务，也成为美第奇家族生意的核心。教会的势力范围

---

⊖ 美第奇家族也会利用自己的影响力阻止教士们的升迁。有一次，美第奇银行阻止了一位年轻的神职人员被提升为主教，直到这位年轻人的父亲，一位表面上单身的枢机主教，替他偿还了借款。

广阔，对金融服务的需求庞大而稳定，美第奇家族从此抱上了金饭碗。在乔凡尼和科西莫的先后领导下，美第奇银行超过 50% 的利润都来自罗马。科西莫承袭了父亲的风范，对借款人的管理谨慎而圆融，深谙刚柔并济之道。<sup>○</sup>凭借对权力（位高权重的借款人）的精明利用，美第奇家族缔造了令远近竞争对手嫉妒的庞大事业。

## 低调谨慎

科西莫不仅资助有前途的神职人员，还资助了许多艺术家和文学家。当著名的文献学家和书法家尼科利因为购买和出版太多书而"破产"时，科西莫向其提供了无限的信用额度。在尼科利去世后，他庞大的手稿收藏转移到了科西莫的手中。科西莫将其中的 400 本捐赠给佛罗伦萨的圣马可修道院，其余大部分留作自己的收藏。科西莫同时拥有银行家和收藏家的直觉，评论家们因此经常将他的这两种能力相提并论。《美第奇金钱》一书的作者蒂姆·帕克斯就在科西莫的收藏爱好中，看出他对"控制、命令和占有"的欲望，而这种欲望，也是会计和金融业发展的根本动力。

科西莫的收藏行为与美第奇家族的另一个追求密切相关。尽管家族有犯罪历史，也或许正因为如此，科西莫和他的族人非常渴望获得外界的尊重和良好的名声。不过，科西莫偶尔也会投机取巧，例如在 1457 年，他向税务官员提交了虚假的财务报表，雷蒙·德

---

○ 乔凡尼·德·美第奇的铁腕实例之一：面对巴尔达萨雷·科萨这样信用不佳的借款人，乔凡尼·德·美第奇要求他必须以一顶镶满珠宝的教皇皇冠以及取自教皇宝库的金盘作为借款抵押物。

鲁弗在他的《美第奇银行的兴衰》一书中披露，科西莫"指使代理人篡改了提交给税务官员的财务报表数据"。同时，他还通过打擦边球，绕过了《圣经》对高利贷业务的禁令。尽管如此，科西莫仍不遗余力地想让人们认为他是一个懂得回馈社会、善待债务人且具有高尚情操的商人。从父亲乔凡尼那里，科西莫学习到了完美声誉的重要性，无论在商场上还是在生活中，科西莫都倡导低调谨慎，例如他非常憎恶赌博，并要求所有资深同僚都仿效他的简朴作风。

1429 年 2 月 20 日，睿智的乔凡尼走到了人生的尽头。临终前，他将妻子、儿子和儿媳等家人召集到一起，留下了最后的遗言：

> 我将好运带给我的巨大财富留给你们……不要总是指手画脚地给人提建议，而是要理智、温和地与人讨论、沟通。不要主动频繁出入宫廷，而是等待宫廷宣诏，然后俯首听命，也不要因为得到很多支持就骄矜自满。努力维护人民生活和平，促进城市商业繁荣。避免卷入诉讼或者干预司法公正，任何妨碍正义的人，终将受到正义的制裁。我不曾犯下任何罪行，留下的是清白的名声，因而我将家族的荣誉和辉煌作为遗产赠予你们。如果你们能始终远离一切党争，我将含笑九泉。切记为人处事要低调谨慎，远离公众视线。

科西莫始终遵循父亲的临终建议，特别是关于远离公众视线这一点。这有几方面的原因，一方面是因为他的健康状况不佳。科西莫晚年时，有传言说他身患瘟疫，导致很多佛罗伦萨人不敢前去拜访。然而，另外一个更重要也更深层次的原因是，美第奇家族的生意需要依赖谨言慎行，他们的影响力构筑在神秘的光环之下。

## 跨国业务

在美第奇银行的鼎盛时期，它在罗马、威尼斯、布鲁日、伦敦、比萨、阿维尼翁、米兰、巴塞尔、日内瓦、吕贝克、科隆、安科纳、蒙彼利埃、佩鲁贾和罗德岛都设有分行或代理机构。在中世纪晚期和文艺复兴时期，教皇是欧洲大陆所有人民的唯一统治者。这些包括远至冰岛和格陵兰岛的臣民缴纳的什一税和其他税款，是教会各种活动的资金来源。美第奇银行在为教会管理资金收支方面，发挥着重要作用。

无论教皇身在何处，美第奇银行都有一家专门设置的流动分行紧随其左右，以随时满足他的财务需求。例如，尽管美第奇银行在佛罗伦萨设有分行，但在1419～1420年间，当教皇马丁五世暂居佛罗伦萨的多米尼克修道院时，美第奇银行依然派遣流动分行跟随教皇。1437～1438年间，流动分行跟随教皇恩仁四世去了博洛尼亚和费拉拉。1439年，当教皇恩仁四世移居多米尼克修道院，主持罗马天主教和希腊东正教合并的公会议时，流动分行一样陪伴在侧。在1439年的公会议期间，流动分行的办公地点就设在多米尼克修道院和新圣母玛利亚教堂附近，与美第奇银行佛罗伦萨分行位于拉尔加路的办公地点，仅几个街区的距离。

早在1179年的第三次拉特朗公会议中，教会就明令将放高利贷者开除教籍。1311～1312年的维也纳公会议中，教会重申了这个决定。放高利贷的天主教徒，将同妓女一样，不得领取圣餐。除非他们做出赔偿，否则他们死后也不能被埋葬在神圣的土地上（因为有传言说放高利贷者的心脏不在他们的身体里，而在钱箱里）。但丁在《神曲》（写于 1308～1321 年）的第十七章中，生动地描绘了放高利贷者在地狱中的情形：痛楚……从他们的双眼中迸发，悲伤的眼泪在脸上横流……每个幽魂的脖子上都挂着一只大大的钱袋，他们的眼睛似乎仍然在死死地盯着钱袋，像是要吃掉它。放高利贷者和亵渎神灵者处于同一深渊。

尽管教会严令禁止，但在中世纪晚期和近代早期，社会对债务融资的渴望越来越强。商人和企业主们都需要资金用于投资和营建新工厂。即便是教会高层，对金融服务的需求也一样旺盛。虽然他们通常处于捉襟见肘的窘境，但当有大笔现金在手时，他们也渴望找到存放或隐藏现金的地方。

这个时期教会召开的各种公会议，也推动了对高端银行服务的需求。由于社会上的名流权贵都会参加会议，因而银行会在会议地点设立临时分行，为他们提供资金服务。持续了四年半之久的康斯坦茨公会议，就是一个很好的例子。

1414 年召开的康斯坦茨公会议，目的是弥合三位同时存在的教皇，因为争夺合法地位而导致的教会分裂。这次公会议需要庞大的后勤工作支持，并吸引了一批追随者，包括大量妓女、杂耍艺人、银行家。在整个会议期间，美第奇银行在康斯坦茨设立了流动分行。○

---

○ 这些会议也吸引了像波焦·布拉乔利尼和科西莫的朋友尼科利这样的藏书家，他们对古版珍稀书籍，特别是羊皮纸手抄本，有着狂热的收藏欲望，在附近的教堂中到处搜寻被遗漏的珍本书。哈佛大学教授斯蒂芬·格林布拉特在他的《大转向：世界如何步入现代》一书中，描述了波焦如何发现著名罗马诗人卢克莱修的《物性论》。《物性论》推动了现代科学的萌芽。

除了向与会人员提供银行服务外，美第奇银行自己也在此次公会议中扮演了关键角色。美第奇银行当时资助了数位公会议事件当事人，包括参与争夺合法地位的教皇巴尔达萨雷·科萨。自称教皇约翰二十三世的巴尔达萨雷·科萨是在几位权贵名流的陪同下抵达会议现场的，其中就包括时年 26 岁的科西莫·德·美第奇。

然而，尽管有银行的支持，科萨仍然在教皇争夺中败北。当他的期望落空后，他乔装成邮差，在一名弓箭手的陪同下仓皇逃离康斯坦茨。科萨很快被俘，他因侵权、强奸等罪名受审。1419 年，在科萨做了几个月神圣罗马皇帝的阶下囚后，乔凡尼·德·美第奇替他支付了 3.85 万古尔登金币的赎金。美第奇家族资助了科萨争权夺利，也用金钱将其救出囹圄。乔凡尼在佛罗伦萨为科萨提供了住所，并代表他向大公会议最后选出的教皇马丁五世求情。科萨的名誉有了一定程度的恢复，与教皇马丁五世的关系也有所缓和，得到了教皇的赦免，并被任命为图斯库卢姆地区的枢机主教。几个月后，科萨去世。作为科萨的遗嘱执行人，美第奇家族委托著名雕塑家多纳泰罗和米开朗琪罗，为科萨在圣乔凡尼洗礼堂建造了一座美轮美奂的陵墓。

像美第奇这样的银行，通常会通过使用外币交易，巧妙地规避教会的高利贷禁令。例如，它们可以用古尔登金币放款，收回借款时用弗罗林金币结算，这样就将利润（也就是利息）隐藏在汇率中。如今的跨国企业在进行国际资金转移时，有时也是采用类似的手段。美第奇银行大规模地使用这种操作模式，同时通过提供保险服务和信用证业务来实现相同的获利目的。

随着时间的推移，美第奇家族最终将生意从提供资金服务扩展到货物贸易。美第奇家族成为明矾、铁、鱼、马匹、油脂、胡椒、生姜、杏仁、橄榄油、羊毛、丝绸、织锦、皮毛、宝石、古董和奴隶等商品和货物的主要贸易商。从杜埃、坎布雷到布鲁日，美第奇银行到处为罗马的圣约翰拉特朗教堂合唱团物色能唱女高音的净身男童。美第奇家族的贸易网络，沿着丝绸之路延伸到印度，甚至中国。多样化的贸易业务虽然充满风险，但也使美第奇家族获利丰厚。"高价"出售给教皇丝绸、织锦、宝石等商品，利润尤其可观。

明矾在当时是一种用途广泛但供不应求的重要商品。明矾可以用于为羊毛脱脂、为纺织颜料固色、鞣制皮革、制作玻璃以及配制多种药物。除了明矾贸易，美第奇家族还从事明矾的生产和加工，并主导了明矾的垄断联盟，试图控制整个欧洲的明矾供应。

## 家族

在 14 世纪和 15 世纪，意大利的奴隶来自四面八方，包括俄国、切尔克西亚、亚美尼亚、保加利亚、巴尔干国家和黎凡特地区。佛罗伦萨的奴隶多为女性，她们被买来做家庭女佣或者侍妾（当时这两者间的界限并不分明）。威尼斯和热那亚，是文艺复兴时期欧洲的主要奴隶市场，这里可以买到来自阿迪格或者阿布哈西亚的美女。美第奇银行的威尼斯分行也积极参与奴隶贸易，例如，1466 年，佛罗伦萨贵族、商人兼历史学家菲利波·鲁契尼就以 74 枚半弗罗林金币的价格，从美第奇银行手中买下一名 26 岁左右的俄国女奴。在科西莫·德·美第奇 1457 年的个税申报表中，也可以看到当时他家里有 4 名不同年龄的女奴。

1427 年，在威尼斯的里尔亚托，科西莫的代理人波尔蒂纳里为他买到了一名漂亮的切尔克西亚女奴。这名女奴年约二十一二岁，被赞"健康美丽、白璧无瑕"。科西莫给她起了一个意大利名字——玛德莲娜，并安排她做自己的女佣。大约一到两年后，玛德莲娜为科西莫生了一个儿子——卡洛，也就是皮耶罗同父异母的兄弟。尽管科西莫面貌丑陋，金钱仍然让他能够享受人生。

意大利的育婴院里有大量奴隶和主人的私生子，其中大部分只被他们的父亲承认半合法的身份。科西莫对卡洛承担起了全部父亲的责任，卡洛在美第奇家中长大，玛德莲娜在科西莫家生活的 20 多年里，和科西莫家人同桌而食。从某种意义上说，科西莫家是一个具有现代平等意识的家庭。

美第奇银行没有女性员工，卡洛也未参与家族生意。然而，卡洛加入神职人员的行列，却进一步加强了美第奇银行与教会之间的联系。卡洛先是成为圣萨尔瓦多修道院院长，并在晚年成为普拉托的副主教。1492 年，卡洛在佛罗伦萨去世，他也仿效父亲拥有一批自己的收藏，尽管他的收藏规模要小得多。

## 安全保障机制

实际上，美第奇银行是由多家在不同地区提供服务的合伙制分行构成的。美第奇银行的这种合伙制特性，对会计行业和企业的发展历史而言，意义非凡。依靠这种组织架构，美第奇家族对这个庞大而分散的合伙制组织的重大事项进行管理，包括：分行与分行之间，或者同一分行内部的地盘之争；是否成立新分支机构或是否开展新业务的争论；成本和利润该如何分配的争论；合伙人退休、品行不端的合伙人去留等事项。

这些事项决定了美第奇银行的内部文化，也决定了美第奇银行需要建立强有力的制度，并对分行和各项业务活动进行严格的财务管控。由于当时还没有外部会计资源可以利用，美第奇银行依靠内部严谨可靠的会计师和审计师，如安杰洛·塔尼和瑞纳瑞·利卡索里等人，详细检查银行各业务的盈亏情况。有时，贪污或不称职的管理人会夸大利润、粉饰债务违约、利用借款虚报利润，或者使用其他更隐蔽的手段进行欺诈，塔尼和利卡索里的主要职责是确保管理人员诚实正直，并查明最坏的情况。

14 世纪，意大利的金融业被佩鲁兹（Peruzzi）、巴尔迪（Bardi）和阿恰伊沃利（Acciaiuoli）等银行统治。这些银行都是单一合伙企业架构，这种架构蕴含着巨大的风险。以佩鲁兹银行为例，它是一家单一合伙企业，家族成员拥有合伙企业大多数所有权，然而在1331 年，所有权的易手导致佩鲁兹银行整体被外人接管。美第奇银行决心避免这样的命运。

美第奇家族开创的特许经营模式，是一个关键的保障措施。相比单一合伙企业，一个有限合伙企业网络很难被整体接管；更重要的是，这种组织架构从法律和财务上让各合伙企业可以彼此隔离，免被彼此的损失波及。举例来说，如果一家合伙企业被起诉违约，其他合伙企业不会受到牵连。就像雅各布·索尔在他的《账簿与权力：会计责任、金融稳定与国家兴衰》一书中所指出的，"当托马索·波蒂纳利因为九包羊毛存在包装缺陷而被客户起诉时，他成功地辩解了那些羊毛是由伦敦分行打包的，因而布鲁日分行不需为此负责"。特许经营模式还有一个优势：可以厘清分行经理们在分行盈利或者亏损方面的责任。

　　美第奇家族在特许经营架构中，还建立了其他几项保障机制。例如，它保留了定期重新商议合伙协议以及随时解除合伙协议的权力。在此情况下，所有合伙人的命运都掌握在佛罗伦萨"总行"的手中。与早期竞争对手不同的是，除了薪酬以外，美第奇银行还会向分行经理发放年度分红。每个会计年度终了时，总行会解除合伙关系，审核账目，核算企业盈利并进行利润分配。利润分配不仅激励了合伙人，也对初级员工起到了强烈的刺激作用。表现优异的初级员工有望晋升为合伙人，收入也有机会大幅增加。与同业的贡献相比，可以说，是美第奇银行创立了"合伙人机制"。

# 第 3 章

# 成为英雄
## 危机四伏的 19 世纪

## 动荡

伦敦的伦巴第街是英国著名的金融街，聚集了全英乃至全球最著名的金融机构。伦巴第街的名字源于意大利语，是"银行家"的意思。到了 19 世纪，伦敦早已取代佛罗伦萨成为全球金融中心和金融创新的主要发源地。四大最早的历史都可以追溯到 19 世纪成立于伦敦的会计师事务所，包括德勤和格林伍德事务所（Deloitte & Greenwood）、库珀兄弟事务所（Cooper Brothers，即普华永道 PwC 中的 C）、皮特事务所（W.B.Peat & Co.，即 KPMG 中的 P）与马威和米歇尔事务所（Marwick, Mitchell & Co.，即 KPMG 中的 M）。会计行业在 19 世纪达到了空前的繁荣，堪比美国的"西部大开发"时期，其繁荣程度甚至超过了 20 世纪 80 年代。1811 年，伦敦的贸易指南中显示全英仅有 24 家会计师事务所，但在仅仅 70 年后，事务所的数量就增加到 840 家。

不少被吸引到会计行业的人，很快又放弃了这个职业。例如，理查德·勒·加利恩离开位于利物浦的查莫斯·韦德事务所后成为一名诗人。（那些曾经当过会计师的名人还包括演员兰道夫·斯科特、作家约翰·格里森姆和手枪设计师乔治·鲁格。）但是，那些在会计行业坚守下来的人中，涌现了一些如今仍然闪耀的名字，如 1845 年开始执业的威廉·德勤（William Deloitte），以及分别于 1848 年和 1854 年开始会计师生涯的萨缪尔·普莱斯（Samuel Price）和威廉·库珀（William Cooper）。

19 世纪，工业资本主义浪潮在英国风起云涌，有限责任性质的公司也于 1855 年在英国首次出现。伴随着工业资本主义和有限责任公司的发展，企业开始出现破产，破产也成为工业资本主义的一个重要特征。1817 年至 1869 年间，破产的英国企业数量增长了 5 倍。由于企业破产的普遍性和破坏性，它成为当时流行小说和戏剧中最常见的主题。每年超过一万家的企业破产，对企业主和投资人来说是一场灾难，但给会计行业带来了激增的业务量和行业的繁荣。

19 世纪中期，会计作为一个职业还未定型，"会计"（accountant）这个词的含义也不明确。英国文学家威廉·哈兹里特指出，"会计"这个称呼当时被广泛地应用于放贷人、赌徒、皮条客以及其他名声不佳的职业。"会计们"所关注的也不仅仅是账目。在狄更斯 1855～1857 年所著的《小杜丽》一书中，有着一张圆圆的脸和铁石心肠的鲁格先生就对外介绍自己是"代理人、会计、讨债人"。萨缪尔·普莱斯最早工作的布莱德利和巴纳德事务所，经营范围也是

"公共会计、破产拍卖、破产财产和债权代理"。1874 年，一位英国投机客为招揽生意在写给潜在客户的信上说："冒昧随信附上我的名片，近期我开始承接代写法律文书、法庭书记、公共和私人审计和会计、不动产代理、租金和债务催收、破产委托等业务。"

破产和清算业务存在一定的风险，因为会计师作为破产清算人和受托人，必须承担自己的决策所带来的后果。同时，这项业务也很危险，因为它为会计师提供了很多欺诈和不光彩操作的机会，易引诱会计师铤而走险，例如私自处理客户资产，虚报房屋田产的管理和处置成本，甚至偷窃。尽管如此，破产业务是会计师事务所成立初期的数十年中最主要的业务，重要性远超审计和簿记。

会计师介入破产管理业务，起初也并不是毫无阻力。一位 19 世纪的法官曾经哀叹到，会计师的插手"是对法律严重的践踏"。他说律师是"绅士"，会计师是"不学无术的家伙"。歌德对会计行业风范的高度评价，已成为遥不可及的过去。

不仅"会计"的定义不明确，其核心专有名词也含糊不清。例如，在会计行业发展的早期，指称"会计师"的词除了 accountant 以外，还有诸如 accomptant 等其他名词。像代理人、文员、出纳、公证人、簿记员、房产估价人、清算人和审计师等名词，也都曾被用于指代会计师。早在 13 世纪，英国就指派"awdytours"负责"审查承担财政……职责的人的诚实性"。（后来，"诉讼代理人"也一度被建议作为"会计师"的替代和补充，但最终未获青睐，因为这个词会让人联想到"自以为是"）非财务类审计的业务范围也包罗万象，例如在 16 世纪，它的服务内容包括负责检查准新娘的贞洁和准新郎的性能力。19 世纪，又出现了一类审计服务——计数员，即负责代表铁路清算所清点火车上的货物。"赛马场赌注登记人"（Turf accountant）则是对"赌徒"的体面称呼。

## 不入流的职业

在这个时期，会计行业并没有什么职业技能要求，也没有专业资格考试作为从业门槛⊖。出于种种原因，会计这个职业被一些知名人士鄙视。曾于 1830 至 1834 年间担任英国大法官的亨利·布罗姆幽默地形容会计师是"对自己的情况尚且说不清楚的人"。对于多数早期会计从业者而言，我们今天定义的会计业务，在当时只能算是副业。

会计行业的一些早期从业者几乎没有受过什么专业训练，他们中有些是落魄的生意人，有些是不得志的律师。罗伯特·哈代，即后来的罗伯特爵士（Sir Robert），早期从事制帽生意，生意失败后进入会计行业，与他人一起创办了一家会计师事务所（该事务所日后发展为安永会计师事务所）。尽管如此，随着 19 世纪会计行业开始采用统一的方法和标准，从业人员中滥竽充数和能力低下者也被陆续淘汰，会计行业的轮廓开始逐渐清晰。1880 年，通过取得皇家特许状，数个会计组织联合形成了会计师行业的第一个国家级专业组织——英格兰及威尔士特许会计师协会（ICAEW）。会计师们开始赢得职业地位，但也仅限于此。

---

⊖ 英格兰于 1882 年才开始对注册会计师进行资格考试，而苏格兰则在稍早几年就开始了这种考试机制。

18 世纪，新兴的医生和律师职业，还在遭受着各种嘲讽。1718
年，一篇名为《喧嚣的地狱》（*Hell in an Uproar*）的短文，就描绘
了当时律师"表现卑劣，索价高昂"的职业形象：

> 世上最亵渎之存在，
>
> 莫过于作恶多端的法学生；
>
> 他们夜夜笙歌、纵情声色直至破晓；
>
> 他们欺骗、赌咒、满嘴谎言；
>
> 只要雇主的黄金能源源不断地落入他们的腰包。

《喧嚣的地狱》一文也对邪恶的医生形象进行了嘲讽：

> 我们愿意出诊，但仅限绅士名流，他们
>
> 以黄金为饵，我们当快马加鞭
>
> 速至宅邸，不舍昼夜，
>
> 策马飞驰，在所不惜；
>
> 我们不畏险阻、无惧寒暑，
>
> 亲闻患者尿，感其脉搏跳，
>
> 只要金钱来得快，无人不能被治疗，
>
> 我们不惜抛弃良心开出药方，
>
> 助病床前觊觎父辈遗产之徒
>
> 得偿所愿，
>
> 只要他们愿意付钱。⊖

进入 19 世纪后，尽管医生和律师的职业地位已经被高度认可，

---

⊖　1712 年，该短文的作者理查德·柏瑞奇（Richard Burridge）因亵渎罪受审。

但是会计师这个职业，仍然被认为是低下、不入流的。1857 年，巴雷·汤姆森在《职业选择》（*The Choice of a Profession*）一书中，将神职人员、律师和医生这些对从业资格有法定要求的职业定义为"特权或高等"职业，这些职业的从业者都受过"高等教育"，并且来自"上层阶级"。会计师由于受教育程度和出身阶层不高，职业地位与画家、雕塑家、建筑师、工程师、公务员、教师和精算师（死亡人数统计员）相当。汤姆森指出这些职业缺少法定从业资格限制，社会认可度较低。因此，从一开始，会计师就不得不为自己的职业地位和社会认可而奋斗。直到 1991 年，英国国家肖像馆才出现了第一幅会计师的肖像。

## 罪犯和英雄

19 世纪，英国的经济不再以农业为主，而是向资本密集型的城市化和工业化转移。（19 世纪末英国的绵羊数量远远少于 19 世纪初，就是一个明显的例子。）产业结构调整让大量劳动力从农业生产中释放出来，促进了资本市场的发展以及商业的繁荣。英美的立法机构颁布了第一部现代公司法。在此之前，公司这种组织形式通常被用于航海等一次性投资，或者有时效限制的商业活动中。现在，它被各种计划永续经营的商业实体所采用。

因此，会计师事务所早期的经营活动也顺理成章地成为维多利亚时期英国经济状况的缩影：它们为印度贸易效力，服务蓬勃发展的银行和金融业，偶尔替王公贵族打理事务，并为当时那些典型的主导企业如铁路公司等提供帮助。

18 世纪初期,主要从事捕鲸和奴隶贸易的南海公司,是英国最炙手可热的企业。所有人都对南海公司的股票趋之若鹜,希冀能从中分一杯羹。但在 1720 年,随着投机泡沫破裂,南海公司轰然倒闭,这是世界上第一起重大金融丑闻——著名的"南海泡沫"事件。在这之后至 1860 年,英国政府对股份形式的融资进行了限制,只有少数特殊行业的企业,如铁路、银行和保险公司等,才能向 5 个以上的股东发行股份募集资金。

18 世纪晚期,瓦特对蒸汽机的改良,提升了蒸汽机的工作效率,带动了蒸汽机的大规模商业应用。瓦特的发明,引发了 19 世纪上半叶英国铁路建设的狂潮:到 1848 年,英国全国已铺设了约 8 000 公里的铁轨;全国超过 3/4 的铁路,都是在 1830~1875 年之间铺设完成⊖的;大约 2/3 的干线铁路,在 1854 年之前就已建成。如此大规模的铁路建设,给英国带来了严重的资源短缺,例如当时甚至没有足够的制版工人来制作股票权证。因此,面对旺盛的需求,制版业盈利大幅飙升。除此之外,受益于铁路建设的行业还包括报社记者(归功于广告需求)、石匠、铸造厂、律师以及会计师。

然而,铁路运输生意给铁路公司及其会计师带来了许多难题。铁路投资和运营维护如何融资?如何进行会计核算?对路轨、桥梁、仓库、车站、车辆的初始投资完成后,利润如何核算?在企业存续和投资期间,股东分红在账目中如何体现? 1842 年,铁路清算所成立,负责处理铁路公司之间因为互相借用轨道而产生的复杂交叉支付业务。铁路清算所是一个典型的官僚体系,也是狄更斯笔

---

⊖ 铁路网建设在 1901~1910 年的英国国王爱德华七世时代达到顶点,之后回落。

下几个办事拖拉、令人抓狂的官僚机构形象之一。<sup>⊖</sup>

在会计师事务所成长的岁月里，铁路公司是它们的主要客户。这些铁路公司通常都会给自己起一些地标性的别致名称，像 Shropshire Union Railway & Canal Co.、Ware, Hadham & Buntingford Railway、Isle of Wight Railway Co.，以及 London and North Western Railway Co.（简称 LNWR）。LNWR 是英国 19 世纪最大的企业之一，其经营规模和地位与如今的英国航空相当。当时，运营这些规模庞大的企业，对企业的发展战略和公司治理模式提出了更高的要求。因此，除了古老的路轨、车站和引擎外，先进的企业治理模式也是 19 世纪英国铁路公司为后人留下的宝贵遗产。詹姆斯·米克在《伦敦书评》杂志中指出："如今全球大型企业的运营模式，即股东所有，董事会负责制定公司战略，经营层负责日常经营管理的公司治理方式，都起源于英国铁路公司。"

然而，在会计师眼中，铁路行业危机四伏、充满风险。当时的铁路公司是滋生骗子和无赖的温床，欺诈行为层出不穷，包括隐瞒债务、过度负债、恶意操控市场、用股本而不是利润支付股息、公开欺诈等不胜枚举。Somersetshire Midland 铁路公司在公开招股书中宣称："穿过门迪普斯丘陵地带的大部分铁路线是平坦的。"但是实际上，这条路线的很多路段都非常陡峭。当时铁路公司的秘书和财务人员还经常会携款潜逃。此外，铁路公司也很容易沦为庞氏骗局的受害者。根据铁路历史学家克里斯汀·沃玛的研究，当时很多

---

⊖ 原文中使用 circumlocution office，狄更斯在《小杜丽》中，描述以办事推诿和手续繁多为能事的政府机关。——译者注

铁路投资计划募资的唯一目的，是"用募新钱的方式来偿旧债"。在铁路狂热达到顶峰的时候，人们对南海泡沫的记忆卷土重来。

当时，狂热的铁路投资受到公众强烈质疑。正如玛乔瑞·怀特劳在她 1958 年发表的一篇关于"疯狂的铁路"的文章所指出的：

> 19 世纪 20 年代，你可以投资于时速 40 英里<sup>○</sup>的伦敦载人热气球公司，也可以投资于用瓶装瓦斯取代马匹做燃料的马车公司获利。但如果你想亏钱，就投资蒸汽火车吧。

就像破产人一样，铁路赌徒的形象也进入了当时的流行文学中。在英国作家安东尼·特罗洛普 1875 年所著的《如今世道》一书中，厚颜无耻、肆无忌惮的金融家和投机客们捏造了一条连接美国盐湖城和墨西哥维拉克鲁斯的铁路进行投机牟利。小说中的反面人物是神秘的金融家奥古斯塔斯·麦尔默特，英雄则是会计师克洛尔，他拒绝为伪造的签名作证，并且揭穿了麦尔默特的其他欺诈行为。

在现实生活中，铁路投资狂热时期的英雄也正是职业会计师，在 1896 年出版的《簿记员》(*Bookkeeper*) 一书中，他们被称为"欺诈的敌人、诚信的拥趸"。当时的主流会计师事务所费尽心力地梳理了铁路生意的运作模式，并且通过提升自己的专业技能，将自己定位为维多利亚时代英国商业安全的守护者，防止机会主义者和骗子之流钻工业革命的空子，捍卫了社会诚信。从这个意义上来说，会计师和教师、医生、律师以及神职人员一样，承担了更广泛的社

----

　○　1 英里 = 1 609.344 米。——译者注

会责任。

以威廉·德勤为例，这位当时的知名会计师就揭露了大北方铁路公司（简称 GNR）内部的一项重大欺诈行为。雷德帕斯曾经是一名破产人，他在受雇于 GNR 做股票登记员后，利用职务之便，精心策划了一个骗局，通过伪造股权凭证将 GNR 的股份转移到自己名下，并且作为该公司的"伪"股东，获得了高达 25 万英镑的分红。利用这些不义之财，他在伦敦摄政公园对面购买了豪宅，以绅士和慈善家自居，甚至还担任了英国著名慈善机构基督公学的董事。GNR 的内部审计员虽然注意到了公司股息支付金额存在异常，但仍坚持宣称 GNR 的账目没有问题。

早在这之前几年，威廉·德勤就成功地调查了大西方铁路公司的财务舞弊事项，所以这次 GNR 的股东向他寻求帮助。GNR 的内部审计员从没想过要去检查股份登记文件，而威廉在核对了股份登记簿后，发现并曝光了雷德帕斯的骗局。1858 年，雷德帕斯因为犯有重大诈骗罪，被流放到西澳大利亚的弗里曼特尔。

其他铁路公司也争相聘请威廉·德勤来检查自己的股票登记簿，埃德温·华特豪斯（Edwin Waterhouse，即 PwC 中的 w）也被请来检查公司的内部欺诈行为。他和德勤以及其他合伙人一起，协助铁路公司肃清了行业乱象。他们取得的这些成绩，为会计师赢得了公众的信任和尊重，也提升了会计师的社会声誉。当时政府为规范铁路公司运营，制定行业立法时，也开始征求知名会计师的意见。例如，1868 年颁布的《铁路管理法》（Regulation of Railways Act）中，就有德勤和华特豪斯的贡献。《铁路管理法》要求铁路公司必须采用复式记账，每半年向贸易局提交半年度会计报表，并规定了报表格式。作为公共会计业的一个里程碑，这种报表格式一直沿用了两代，直到 1911 年《铁路公司法（会计和收益）》（Railway Companies（Accounts and Returns）Act）颁布。

1921 年，英国议会通过了《整合法案》（grouping act），将全国 120 家铁路公司整合成四大铁路集团（此后被称为铁路界的"四大"），即大西方铁路公司、伦敦 – 米德兰 – 苏格兰铁路集团、伦敦东北铁路集团和南方铁路集团，自此，英国铁路业进入了一个只有四家大铁路公司的时代。在这些巨无霸集团的审计师中，德勤和普华事务所享有极高的声誉，其中普华事务所还承担了审计铁路清算所那些错综复杂业务的责任。

| 第 4 章 |

# 结盟
## 非凡的创始人

## 合作

一起用餐，一起打高尔夫球，一起上教堂……这些生活日常让会计师们建立了兄弟般的情谊和休戚与共的关系。会计师的职业自信增强，会计行业的业务边界也逐渐清晰。

会计师事务所之间即使出现了竞争，也是温和的君子之争。无论在英格兰及威尔士特许会计师协会，还是在其他职业组织中，事务所的合伙人们都彼此合作，他们往往也是同一俱乐部的成员。事务所之间不会互挖彼此的员工和客户，在提供国际业务时，它们甚至会携手合作。

例如，1911 年普华事务所和竞争对手皮特事务所合并了它们在埃及的业务，以梅瑟皮特普华事务所（Messrs Peat, Waterhouse & Co.）的名义在开罗和亚历山大开展业务。埃及业务的合并拉开了两家事务所紧密合作的序幕：在俄国的圣彼得堡（1916 年开始），在荷兰的鹿特丹（1919 年开始），两家事务所以普华皮特事务所（Price, Waterhouse, Peat & Co.）的名义联合对外执业。俄国分所存在的时间并不长，当俄国革命爆发后，俄国分所合伙人仓皇出逃，无暇顾及事务所的账本和现金。1920 年开始，两家事务所在印度的加尔各答、南非的约翰内斯堡和阿根廷的布宜诺斯艾利斯也开始联合执业，并在同年，双方将在欧洲的业务合作扩展到了整个欧洲大陆。

由于上述合作进展顺利，双方开始考虑进一步结合的可能。但在 1924 年，因为马威和米歇尔事务所的出现，普华和皮特两家事务所的国际业务合作画上了句号。马威和米歇尔事务所的詹姆斯·马威（James Marwick）和皮特事务所的威廉·皮特爵士（Sir William Peat）同为苏格兰人，在一艘横渡大西洋的邮轮上，他们一边畅饮着白兰地、抽着雪茄、品尝着一流的美食，一边敲定了两家的合并。在随后的数十年中，大型事务所之间的合并成为常态。

## 多姿多彩

当我们说某人"看上去像会计师"时，我们是什么意思？"一个穿着灰色法兰绒外套、面目模糊的形象"，是会计师给人的普遍印象——想想美剧《办公室》中的基什·拜席普或凯文·马龙，或者美国电影《铁面无私》中的奥斯卡·华莱士。然而，会计行业早期的开创者们却出人意料地个性鲜明，生活丰富多彩。1896 年，普华事务所的一位澳大利亚合伙人埃德温·弗拉克，就参加了第一届雅典奥林匹克运动会的田径和网球比赛，并在比赛中获胜。在奥运会田径的 800 米和 1 500 米决赛中，弗拉克赢得了金牌，但乌龙的是，在随后的颁奖仪式上，糊涂的东道主竟然升起了奥地利的国旗。<sup>⊖</sup>

普华事务所的另一位合伙人阿尔伯特·怀恩爵士，则是一位喜欢歌舞团女演员、奉行独身主义的单身汉。他凭借一己之力，阻止了普华和皮特事务所于 1920～1921 年间酝酿的合并案，成为风云人物。两家事务所合并的好处有很多：皮特事务所的哈里·皮特爵士和普华事务所的尼古拉斯·华特豪斯爵士交情深厚，两家人的关系非常亲密，双方过去的海外合作也相当成功，它们的合并既能扩大企业的规模，又能提升它们的市场影响力。但是，怀恩却担心合并会扼杀普华事务所这只下蛋的金鹅，损害普华事务所的利益，他认为专业服务应建立在私人关系和个人责任感之上，而不是规模，正如他后来在《会计师》(Accountant) 杂志的一篇文章中所言：

对于主要由受薪雇员组成的大型会计机构而言，怎样才能使其具有像个人执业者或小型合伙企业一样的职业责任感？（维持较小的规模）能确保实现统一的标准，延续既有的传统、理念和高度的责任感。

于是，怀恩在内部提出反对意见并带头抵制，普华和皮特这桩合并案就此流产。

四大的开创者们多数在宗教信仰上有些离经叛道，并与社会格

---

格不入。例如，作为一个无视规矩并饱受腰痛之苦的怪人，被称为
"萨米"的萨缪尔·普莱斯就经常麻烦不断。1848 年，他娶了他的
侄女艾玛·纳特·普莱斯为妻，艾玛是他同父异母的兄弟汤姆斯的
长女。这桩婚姻在英国法律中被视为乱伦，为了避免法律麻烦，他
和艾玛在丹麦结婚。在他结婚的同年，萨缪尔·普莱斯离开了布莱
德利和巴纳德公司，和威廉·爱德兹一起成立了一家合伙企业。
然而，这份事业仅仅持续了一年。1849 年，普莱斯开始自立门户，
成立了一家个人独资企业。

普莱斯出身于一个陶艺世家（普莱斯家族直到 1961 年还在从
事制陶业）。除了陶艺以外，他灵巧的双手在其他方面也毫不逊
色。他热衷于拳击比赛、街头斗殴及其他一切形式的打斗，并且
无惧亲自下场。员工们都觉得他是个有点吓人的狠角色。1865 年，
他和埃德温·华特豪斯、威廉·豪里兰德（William Holyland）一
起创办了普莱斯、豪里兰德和华特豪斯事务所（Price, Holyland &
Waterhouse）（豪里兰德于 1871 年退休）。华特豪斯的儿子尼古拉斯
回忆他小时候去父亲办公室时看到的情形：

我们站在办公室门房那里等着父亲下楼。父亲和普莱斯
先生一起下来，并把我介绍给他……这时候门房的传音筒（电
话发明之前用来传音的装置）响了。普莱斯先生拿起传音筒放
到耳边，话筒里清晰地传来楼上某个人的声音："老萨米走了
吗？"估计话筒那头的人以为接听的是门房。普莱斯先生回答说
"我现在就上来'削'你"，然后就以迅雷不及掩耳的速度冲上
了楼。

埃德温·华特豪斯共有七个兄弟姐妹，他年龄最小。他的哥哥阿尔弗莱德是一位杰出的建筑师，另一个哥哥西奥多则创办了伦敦华特豪斯律师事务所。⊖

## 教友

华特豪斯是教友派成员，也就是俗称的贵格会（Quakers）信徒。豪里兰德应该也是贵格会"教友"，所以这可能就是他们二人相识的契机。该教派之所以被称作"贵格会"⊖，据说是因为它的信徒在上帝面前会颤抖不已。贵格会是英格兰教会一个激进和受迫害的分支，与浮嚣派、浸礼会、莫拉维亚派、马格莱顿教派和第五王国派一样，都是新教派的延伸。

贵格会运动最早兴起于 17 世纪，它的信徒们在简朴的环境中做礼拜：1675 年那间位于布里格斯弗拉特的礼拜堂摆放着简单的长凳，看上去就跟农舍没什么两样。贵格会领袖爱德华·伯罗写于 1659 年的贵格会经典文章，与 1429 年乔凡尼·德·美第奇的临终建议惊人地相似："我们不为名声，不为他人，更不为官职所诱，我们不为政党，也不因其他政党的名声和假象而与之为敌；我们只求正义和慈悲、真理与和平，以及真正的自由，并使其能在我们的国家内得到颂扬。"

1660 年，在伯罗崇高理念的号召下，贵格会成员已增长到约

---

⊖ 埃德温·华特豪斯的一位远亲，画家约翰·威廉·华特豪斯，也是 19 世纪华特豪斯家族的一位名人。

⊖ 贵格是"Quaker"一词的音译，是颤抖者的意思。——译者注

五万人。然而，到了 18 世纪中期，成员减少了五分之一。在萨缪尔·普莱斯成立自己的会计师事务所时，贵格会成员更是进一步下降到仅剩约两万人。尽管如此，19 世纪 60 年代，监狱改革和废除奴隶制度等令人振奋的社会政治因素，使贵格会再次迎来生机。一项关于婚姻的新规定，也促进了 19 世纪贵格会的兴盛：与非贵格会信徒通婚者，将不再被教会自动"除名"。

　　贵格会成员穿着简朴、滴酒不沾，对等级制度及其意识形态抱有怀疑态度。他们崇尚谦虚和自律，热爱和平和简朴的生活，并且认为人生而平等。良知是贵格会的道德基石。基于上述原则和保守、审慎、对个人行为的信念等其他信条，贵格会成员在银行业的影响力日益显著。在为英国《BBC 新闻杂志》（*BBC News Magazine*）撰写关于贵格会在英国甜点业发展史中的作用时，皮特·杰克逊称贵格会成员为"天生的资本家"。

　　贵格会企业家，例如爱德华·皮斯和约瑟夫·皮斯这对父子，为铁路业的发展做出了卓越的贡献。严谨的贵格会经理人们，在铁路行业中建立了与众不同的经营风格，例如，他们鼓励大众"举报司机的超速驾驶或者其他不当行为……董事们会亲自巡查各条铁路线，一旦发现违规者，会要求其接受纪律委员会的问询"。在第一条铁路刚开通时，希望搭乘火车的乘客们"必须自报姓名、住址、年龄、出生地、职业以及旅行目的"。贵格会成员托马斯·埃德蒙森建议对火车票进行连号设计，有效地遏制了售票人员的欺诈行为。

　　贵格会成员对责任和良知的重视，让他们成为天然的审计员。贵格会成员认为上帝无时无刻不在审视着人们的一举一动，因而心中常怀对上帝的敬畏，这个信念对于那些经常需要独自核查账目完整、准确性的人来说，极有助益。这种指引审计工作的内在信念，有时也会被明确地表达出来。例如，1933 年美国举行了一场参议院听证会，审议是否应授予外部注册会计师，而不是内部审计师和财务主管，或者政府中介机构，独家审计上市公司的权力。参议员们抛出了那个亘古不变的问题：谁来审计外部审计师？

> **巴克利议员**：你们注册会计师协会有两千名成员，昨天在这里的财务主管协会也有两千名成员，你们之间有什么关系吗？
>
> **卡特先生**（纽约注册会计师协会主席）：完全没有关系。我们负责审计财务主管。
>
> **巴克利议员**：你们审计财务主管？
>
> **卡特先生**：是的。公众会计师审计财务主管的账目。
>
> **巴克利议员**：那么谁来审计你们？
>
> **卡特先生**：我们的良心。

尽管立法者对卡特的回复抱有怀疑态度，但仍然通过了这项议案。

埃德温·华特豪斯的贵格会理念，帮助他获得了客户和员工。在他早期的工作经历中，就包括为一位贵格会教友约翰·福勒他也是一位蒸汽引擎的发明家和制造商），开发成本管理系统。贵格会也塑造了华特豪斯在会计和审计方面的工作态度及方法。他认为自己是"基督教绅士"，负责提供一项重要的社会服务。最近，就有三位作家在华特豪斯的贵格会道德准则中，发现了"诚信逻辑"的基础，正是"诚信"帮助会计行业建立了早期行业执业标准并提升了会计行业的合法地位。在南海泡沫、铁路狂热和其他投资欺诈事件严重动摇了公众对资本主义的信心时，"诚信"宗旨的提出恰逢其时。

## 丰厚的分红

东南铁路一条支线铁路的开通，让萨里郡成为伦敦有钱人的后花园，他们迅速地在那里兴建了不少风景如画的庄园。因为迷恋萨里郡美丽的田园风光，埃德温·华特豪斯于 1877 年也在那里购置了一处产业——"大茵荷"。他在此建造了一栋精美的别墅，并给它起了个浪漫的名字——"芙德莫"。在别墅里，除了可以俯瞰荷贝里圣玛丽村外，还可以使用一个藏书丰富的图书室和一个安装了电灯的桌球房。

华特豪斯的萨里郡邻居包括银行家弗雷德里克·米瑞里斯爵士和作家兼前殖民官托马斯·列文上校。列文上校是一个典型的英国人，同无数"沉闷无趣的维多利亚灵魂"一样，过着一种像英国历史学者法兰克·麦克林在《独立报》(*Independence*) 中所描述的那种生活：在印度服役，为金钱而结婚，退休后过着 40 年行尸走肉般毫无意义的生活。列文上校是个老古板，"在他眼中，女演员跟妓女没什么两样"，但他又很"入乡随俗"，例如，在印度他改用坦格利纳这个名字，即印度语直译的"托马斯·列文"。列文夫妇还给长女起名为"珠穆朗玛峰"(Everest)。

华特豪斯命他的园丁清理荷贝里圣玛丽村的垃圾，以便他的客人周末造访时能看到干净整洁的环境。他写了一本长篇回忆录，记录自己在萨里郡和伦敦的生活。麦克·麦芬在《会计史学家杂志》（*Accounting Historians Journal*）中称这本回忆录为"知名会计师事务所创始人中唯一完整的自传"。该回忆录涵盖了华特豪斯从 1841 年出生到 1917 年去世期间的生活，详细记录了许多客户以及他曾经揭穿的"错综复杂的造假事件"的精彩细节。华特豪斯于 1917 年去世，被安葬在荷贝里圣玛丽村圣玛丽教堂简朴的墓地中。这本回忆录在普华永道会计师事务所的档案室中一直沉睡了将近 70 年，直到 1985 年才被一位档案管理员发现，并于 3 年后正式出版。

尽管信奉贵格会道德观，埃德温·华特豪斯在工作中却像他的合伙人萨缪尔·普莱斯一样，喜怒无常且无容人之量。1904 年，在华特豪斯 63 岁时，其他合伙人（福勒、史尼斯⊖和怀恩）企图将他逐出公司。是什么导致了这场叛变？除了华特豪斯难以相处的性格外，还有金钱上的纠纷。作为唯一健在的创始元老（普莱斯于 1887 年去世），华特豪斯享有的分红之丰厚，让人眼红。

叛变策划者背着华特豪斯，发布了一份计划书（这份计划书有一个平淡无奇的名字《关于埃德温·华特豪斯应该退休的建议》，也被保存于普华永道会计师事务所的档案室），要求华特豪斯立刻辞职，事务所会在新任领导的带领下进行重组。然而，叛变以失败而告终。华特豪斯一直工作到他自己愿意退休的那一天，并且在这期间，他着手安排了自己的接班人。

---

⊖ 即乔治·史尼斯，原属普华事务所。——译者注

## 接班

华特豪斯之子尼古拉斯的校园生活并不愉快，他给母亲乔治安娜的信都是用自己的鲜血写成的。鉴于此，就不难理解为什么相比于经济学和法学，他在大学里更偏爱药物学，人体解剖尤其让他着迷。在他的回忆录中，他说自己在牛津大学解剖室里，度过了很多时光。但是，在他父亲的敦促下，尼古拉斯最终选择了法学，因为法学是"与会计学最相近的学科"。

尼古拉斯毕业后回到伦敦，于1899年以实习生的身份加入了父亲的事务所。1903年，尼古拉斯勉强通过了会计考试。他的父亲写信对他说："我亲爱的儿子，虽然你在工作中毫无作为，但看在上帝的分上，拜托你每天早上第一个来上班，这样合伙人们至少会认为你很努力。"仅仅三年后，尼古拉斯就被晋升为合伙人，他称自己的晋升"完全依靠裙带关系"。虽然他现在是事务所的领导，但他依然不怎么喜欢自己的职业。（对他而言，集邮都比账簿和季度报表更有趣。）尽管既不勤奋也不认真，尼古拉斯却有一副绅士派头。借助这些特质，尼古拉斯引领了现代四大的典型风格：相比做事，合伙人们更擅长社交。

相比于皮耶罗·德·美第奇和科西莫·德·美第奇父子之间的顺利接班，尼古拉斯接手父亲的事业一开始并不被看好，但他最终还是走到了行业金字塔的顶端，给他的接班画上了一个圆满的句号。因为膝伤，尼古拉斯没能在第一次世界大战中亲自参战，但他成了英国陆军部的成本主管、战后清理委员会和战后陆军部未完合约清算委员会的成员。1920年，凭借他的个人魅力、对会计行业的贡献和在战争中的影响，尼古拉斯被国王乔治五世册封为爵士。

尼古拉斯的妻子——奥黛丽·哈里·列文，出生于 1883 年，是那位萨里郡退休上校托马斯·列文的次女。像她父亲一样，奥黛丽也选择了金钱婚姻，在 1902 年嫁给了尼古拉斯·华特豪斯。奥黛丽爱慕虚荣、追求时尚、喜欢炫耀财富，她身上总是带着"土耳其香烟和香奈儿 5 号的味道"——英国传记作家夏洛特·布里斯这样描述。布里斯还称，奥黛丽"因为害怕身材走形而拒绝生育"。

在战争时期，尼古拉斯白天循规蹈矩、受人尊敬，晚上他们夫妇则和一些"放荡"的朋友一起，过着"放浪形骸"的生活。他们给彼此起了昵称，尼古拉斯的昵称是"尼基"或"道克尔"，奥黛丽是"莫芙"或"莫"。他们和那些有昵称的朋友一起，积极地拥抱着让人眼花缭乱的 20 世纪 20 年代。在华特豪斯夫妇那座位于伦敦切尔西天鹅径 2 号的豪华大宅里举办的派对上，经常有各种放荡之举。

尼古拉斯有时会参加这些放荡的活动，但更多的时候，他会躲到别处去。他保持着集邮的爱好，收集了一些珍贵的史前封（邮票出现前的替代品）、临时邮票（正式邮票发行前的替代品）、公开发行的邮票、私人发行的邮票、彩色印样和邮票试样等，并且写了两本关于集邮的专著，包括一本于 1916 年出版的美国邮票指南——《美国邮票目录大全》（*A Comprehensive Catalogue of the Postage Stamps of the United States of America*）。

华特豪斯夫妇的财富可不光花在收集珍稀邮票和举办喧闹的派对上。奥黛丽通过自己的父亲接触文学家和艺术家，她的父亲认识作家乔治·梅瑞迪斯和画家爱德华·伯恩·琼斯爵士。奥黛丽和她的丈夫一起，开始向艺术家和文学家提供资助，就像科西莫·德·美第奇当年所做的那样。

喜欢惹是生非的作家兼画家温德汉姆·列维斯多年来一直依赖华特豪斯夫妇生活。列维斯在华特豪斯夫妇的圈子里被称为"教授"，他非常厌世，就像一条吸附在华特豪斯家的水蛭。他的怪僻性格让他几乎没有朋友。列维斯好斗、冷酷，沉迷于魔法、风水、玄学和女同性恋，经常因为感觉受到轻视、意识形态问题或自己浮夸作品的失败，而与他人陷入无休止的纷争中。华特豪斯夫妇赞助出版了不少他的这类浮夸作品，包括那本充满愤怒的《上帝之猿》（*The Apes of God*）和他那本同样乖僻的日记《敌人》（*The Enemy*）。列维斯的传记作者大卫·特洛特说，1923 年底"好心人联合为他设立了一个基金，每月向他提供 16 英镑的生活津贴，直到他不需要为止"。有一次，津贴来迟了，列维斯为此粗野无礼地咒骂道："我那该死的津贴在哪儿？"

奥黛丽·华特豪斯于 1945 年去世。当年，前辈萨缪尔·普莱斯娶了自己的侄女，如今，晚年的尼古拉斯·华特豪斯也像科西莫·德·美第奇一样，娶了自己的女管家路易斯·豪，尼古拉斯称她为"蒂姆"。这年，尼古拉斯 76 岁，路易斯 46 岁。这段婚姻让周围人感到震惊，尼古拉斯在写给事务所继任者妻子的信中说：

> 我想你明白这 42 年的婚姻生活对我意味着什么，以及 8 年前我是如何突然被孤寂吞噬的，我不是一个能面对孤独的人，而蒂姆……是我们的一个老朋友，她一直在用心地照料着我。

　　尼古拉斯的两次婚姻，都没有给他留下孩子。他持续资助温德汉姆·列维斯的生活，直到 1957 年列维斯去世。（在列维斯引起的无数纠纷中，伦敦华特豪斯律师事务所至少担任了一次对方当事人的律师。）列维斯去世后，尼古拉斯继续资助他的遗孀格莱迪丝，直到 1964 年尼古拉斯去世。1988 年尼古拉斯的第二任妻子路易斯·华特豪斯夫人去世，她也被安葬在萨里郡荷贝里圣玛丽村的圣玛丽教堂中，与过世的丈夫和公婆长眠在一起。

# THE BIG FOUR

# 成　　年

　　在本书的第二部分，我们主要聚焦当前的国际会计师事务所是如何在战后发展成现在的形式的。在这个时期，大型会计师事务所与政府建立了清晰的关系；事务所强烈的品牌推广意识开始觉醒和演变；事务所的税务及咨询业务对经济活动的影响也变得日益重要。大型会计师事务所持续扩张并彼此竞争。这个时期的核心特征，是在一系列价值观的碰撞中四大企业文化的形成。

| 第 5 章 |

# 审计机器
## 多元化经营

## 会计行业大趋势

据说在一次裁员中，福特汽车的创始人亨利·福特解雇了公司全部财务人员。他说："他们没有做什么实际工作，产生不了任何价值，我希望他们今天就立刻离开。"这个故事当然不可能是全部的事实，如果没有公司内部的会计和财务主管的工作，福特的公司将无法正常运转。但是这则逸事反映了 20 世纪的一个大趋势：相比于直接聘用财务人员，大企业更愿意将财务工作外包。像 IBM 和联合利华这样建有庞大内部财务部门的公司，也不得不考虑，用财务外包的方式是否更有利。

就像 20 世纪发生的其他变化一样，这个趋势毫不意外地刺激和改变了会计师事务所：事务所业务开始多元化，特别是开始涉足"管理咨询服务"或"顾问"领域；事务所开始寻求与政府建立更紧密的关系；"审计需求大爆发"和"审计组织"的兴起，给事务所带来了巨大的利益，并且像美第奇银行一样，事务所也开始国际化，广泛在各国建立"独立法人实体"形式的分支机构网络。

20 世纪的下半叶，可谓会计行业的黄金时代。以英国为例，金融和商业服务业的从业人员，从 1951 年的 63.7 万人增长到 1998 年的 427.6 万人。就像《剑桥当代英国经济史》（*Cambridge Economic History of Modern Britain*）中所言，"提供会计和电脑系统等专业服务的公司如雨后春笋般出现"。在美国，金融和商业服务领域的就业人数在 1950 年占总就业人口的 4.4%，而到 1995 年，这个比例增长到 12.2%。整体而言，"服务业"成为美国、英国、加拿大和澳大利亚等发达国家中最大的就业领域。会计师事务所极大地享受了服务业爆发的红利，然而，会计行业在这一时期的繁盛，也为后来的金融灾难埋下了隐患。

## 立足

最初，普华事务所在美国踏出的第一步，是委托一位居住在纽约的威尔士人列维斯·琼斯担任其在美国的业务代理。很快，来自铁路、渡轮、啤酒、谷物脱粒机和粮食存储等公司的业务便蜂拥而至，琼斯不得不向普华伦敦总部请求支援。由于普华不希望让美国人检查英国公司的海外账目，于是规定所有新进员工都必须是英格兰人，但最好有在美国的工作经历。然而，当伦敦总部派出了苏格兰人 W. J. 凯撒到美国支援时，这意味着这个限制立刻就放宽了。

　　尽管美国的主流会计师事务所最初都是英国会计师事务所为其海外业务设的分支机构，但它们很快就闯出了自己的天地并开始大展拳脚。1893年，德勤在美国建立了分所。不久，它便开始为一家肥皂和蜡烛制造工厂提供审计服务，这家工厂后来发展为大名鼎鼎的宝洁公司。自此，宝洁与德勤开启了一段超过一个世纪的合作关系。普华在美国的业务代理机构也凭借自身能力，迅速发展为一家独立的分所。在经历了一个曲折的开头后，普华美国分所同不少大客户建立了合作关系，其中最著名的客户是金融家约翰·皮尔庞特·摩根（即J.P.摩根，他还是一位著名的藏书家，在他那个坐落于麦迪逊大道的宏伟图书馆中，珍藏着一本卢卡·帕乔利的《数学大全》）。马威和米歇尔事务所也获得了摩根的信赖，在尼克伯克银行清算案中曾向摩根提供过建议。在1907年由尼克伯克银行被疯狂挤兑引发的金融危机中，摩根在危难时刻出手救市，他在自己的图书馆里连夜召开了紧急救市会议。马威和米歇尔事务所前主席沃尔特·汉森说："在摩根为结束金融危机而制定的救市安排中，我们事务所尽了自己的绵薄之力，并且为会计师获得更多业界认可打下了基础。"

　　会计师行业终于获得了美国社会的认可。很快，大部分美国上市公司开始选择外部审计师来审计自己的账目，独立会计师从此成为当代资本主义的一部分。

　　另一场金融灾难的余波，给会计行业带来了更大的发展机遇。在1929年华尔街股灾爆发后，美国于1933年颁布的《证券法》（Securities Act）和1934年颁布的《证券交易法》（Securities

Exchange Act），都要求所有新注册公司和存续公司的会计报表，必须接受注册会计师（CPA）的审计。这项立法规定，给会计和审计服务领域带来了长期的繁荣。由于美国会计行业最初仅是英国会计行业的分支，所以美国的会计和审计准则基本参照英国的模式。

## 不受欢迎的发展

在世界大战中，会计师成为国家经济不可或缺的一部分。第一次世界大战期间，英国不仅有大量会计师直接参军上前线，还有不少会计师参与战争期间的物资采购、存货和国有资产的管理，并且参与制定战时立法，打击投机倒把。尼古拉斯·华特豪斯不是唯一一位因为在战争中的付出受到表彰的会计师，吉尔伯特·加恩斯也因为在主管国家军火账目期间的卓越贡献而被封为爵士。

对于会计师事务所来说，为国家事务做出的贡献给它们带来了丰硕的成果，不仅深化了它们诚实、正直和公众利益捍卫者的形象地位，还给它们带来了即时的现实利益。就像研究普华事务所发展史的埃德加·琼斯所言："普华参与的政府工作让它结识了很多政府要员、著名企业家和政治家，并向他们展示了会计师工作的重要价值。"新关系带来了新连接和新客户，政府关系开始变得如同宗教在会计行业发展早期阶段所扮演的角色一样重要。

在整个 20 世纪，会计行业和政府之间的关系错综复杂。像晚期的美第奇银行一样，总统和总理们开始向大型会计师事务所的合伙人寻求专业建议。会计师事务所会在国家基础设施投资、医疗政策制定、国防采购、立法设计等几乎政府管理的各个领域，提供咨询建议和相应的专业服务。不仅如此，它们还参与机场和铁路系统的可行性研究，参与养老金计划以及公共债务削减方案的制定。与此同时，会计师事务所不惜耗费巨资游说政府机构和当选官员，推动建立有利于会计行业发展的法律法规。

会计师事务所也会被邀请参与协助制定重要的商业立法，就像1868 年它们参与制定《铁路法》一样。例如，在 1929 年的华尔街股灾后，会计师为美国证券交易委员会设计了上市公司财务报告编制格式。普华事务所的乔治·梅还协助编写了美国一般公认会计原则（Generally Accepted Accounting Principles，GAAP）。以上这些机会对事务所的发展大有裨益，除了可以收取费用外，与政府合作还会让事务所的品牌知名度更高，或许更重要的是，给会计师事务所提供了自行主导行业发展方向的机会。

会计师利用专业和类监管机构，像英国的审计实务委员会（Auditing Practices Board）和美国的会计准则委员会（Accounting Principles Board），来移除政府议程中那些普雷姆·西卡教授所谓的“不受欢迎的发展计划”，特别是那些可能会影响事务所收入的事项。例如在 2013 年，普华永道会计师事务所就被指责操纵财务报告用户论坛（Corporate Reporting Users Forum）。该论坛表面上是一个问责游说组织，但其真实目的，就像《独立报》评论员詹姆斯·摩尔所言：“是阻碍会计行业的改革。”

破产法、税收法、保险法、证券法和公司法等领域一系列基本法律法规的制定，推动了现代会计行业的形成和发展。因此，主流会计师事务所努力捍卫那些让它们受益匪浅的法律条文，例如，提升企业商业行为标准的法规，它将不可避免地导致企业经营变得更为复杂，使得企业对会计和审计服务的需求有所增加，会计师事务所能从中受益。同时，会计师事务所积极支持那些赋予会计师和审计师在公司治理中正式地位的立法，从而以立法的形式巩固自己的专业地位。

不仅如此，对于那些企图指导它们应该如何工作的法规，会计师事务所更是坚决抵制。1932 年，英格兰及威尔士特许会计师协会（ICAEW）主席就对此提出明确反对意见，他说如果审计师必须"遵照法规中制定的审计流程工作"，那他们将会沦落为"审计机器"。1888 年，安永会计师事务所合伙人弗雷德里克·惠尼在对 ICAEW 发表的演讲中说：

> 我们都认为企业必须诚实、有效地运营，即使企业无法经营下去，也必须诚实、妥善地关闭。那么问题来了，我们如何保证企业能够完全按照上述理想模式运营？我没有什么好的办法，而且我认为这件事从本质上就不可行。我也认为，通过制定法规，对企业存续期间的经营、开立和关闭等事项进行有效的约束，是不现实的。我们绝对不能制定银行家协会所谓的"祖母般的立法"（即烦琐的法规），我们绝对不能干涉契约自由，我们绝对不能让人们抱怨说"我们所做的工作，不是基于我们自己的判断，而是完全依赖于政府监管者的报告"。

最重要的是，会计行业反对制定那些在出现审计过失或者其他过失的情况下，让它承担更多责任的法律法规。詹姆斯·兰迪斯是1933 年美国《证券法》的主要设计者，在回顾这部法规的制定过程时，他说：

尽管现在都认为《证券法》中对独立会计师的注册规定，是对会计师这个职业提出了与其他职业一样的道德和职业标准要求，但是当时普华事务所的行业泰斗乔治·梅，出人意料地对此提出了反对意见。

梅强烈抵制的原因不难理解：这项拟议的立法将削弱会计行业在制定行业标准上的地位，并且还会在企业招股说明书或其他投资文件出现问题导致投资人遭受各种损失时，让会计师承担无限的连带责任。梅的抵制取得了胜利，一年以后，《证券法》进行了重大修订，其中包括降低了会计师承担的"过度的责任"。如今，四大虽然看上去几乎完全是商业化的产物，但是它们的形成很大程度上取决于政府和立法机构的一系列决策。可以说，现代会计业与现代政体，是紧密地交织在一起的。

## 障碍

大型会计师事务所除了不遗余力地守护自己的行业疆土并减少需要承担的职业责任外，还利用它们与监管机构和标准制定者的关系，共同制定了一套充斥着大量缩写、术语和含蓄表述的行业专用语言，让会计行业的执业标准、企业会计账目和审计报告，在外行人眼中，显得高深莫测。

例如，在审计准则中，有不少诸如"确认""不确认""合理确认""有限确认"等专业词汇，这些词汇的定义，在外行人眼中不但看上去毫无意义而且令人抓狂。就像"魔术师表演时喋喋不休是为迷惑观众"一样，现代早期的医生和律师也曾被指责利用"难懂的术语"困扰普通民众。下面这个定义，摘自 2014 年《澳大利亚非财务信息审计和审阅鉴证业务执行规范》［Australian Standard on Assurance Engagements Other than Audits or Reviews of Historical Financial Information（ASAE 3000）］，就是一个很好的例子：

> 有限确认业务：在此类鉴证业务中，鉴证人员通过执行有限的鉴证程序和取得有限的证据，将风险降至该业务环境下可接受的水平。有限确认业务的风险高于合理确认业务。合理确认业务，是指鉴证人员通过执行相应的鉴证程序和取得必要的证据，做出是否有事项引起鉴证人员的关注，让鉴证人员确信该事项或该事项的相关信息存在重大错报的结论的业务。与合理确认业务相比，有限确认业务的性质、时间选择和鉴证人员所使用的鉴证程序都相对有限，但是鉴证人员基于自己的职业判断，认为通过执行这些操作就足以取得一定程度的有意义的确认。有意义是指，对鉴证事项达到的这种有限确认程度，很可能让试图阅读鉴证报告的人确信该事项或事项的相关信息并不是无关紧要的。

尽管这个例子调侃起来很轻松，但它繁复的句式、冗长的从句和模棱两可的用词，反映了一个严肃的事实：在过去的一个多世纪里，会计和审计领域的法律、法规、规范、准则、操作指南、模板等文件中的规定已经越来越具体、琐碎和范式化。比如澳大利亚鉴证业务准则就要求审计报告必须要有标题页和内容摘要页，审计师必须记录客户的指示。然而，所有意图刻板、精准地约束会计师和审计师执业行为和提升执业标准的努力，都起到了相反的作用。如今建立在各种规范基础上的监管工具，由于放任那些践踏企业治理原则但遵循法律和准则条文的执业行为存在，其效果已经大打折扣。

四大利用它们和监管机构的关系，影响会计准则的制定，却忽视了财务报告使用人的实际需求。例如，准则的编制建立在一个复杂流程的基础上，其中包括创造了一些诸如"概念性架构"等定义模糊，并且对多数会计事项没有任何实际指导意义的词汇。同时，事务所利用它们的关系和影响力来拓展新的业务领域。例如在法律服务方面，事务所向政府和监管机构申请开展准法律类业务，并且将顾问服务的触角延伸到传统上由律师把持的领域。

## 法律界巨头

在会计行业发展的早期，律师和会计师通常隶属于相同的职业协会，并且在相同的圈子里活动。在工作性质、条件以及从业人员方面，律师和会计师存在相通之处。不妨回想下华特豪斯家族是如何同时创立了普华会计师事务所和现在名为费舍尔·华特豪斯的律师事务所的。多数会计师能为客户提供一些准法律类业务的帮助，而律师在税收和清算等业务中，也能为客户提供一些具有会计性质的服务。

尽管如此，类似生物物种进化的过程，会计师和律师的业务界限逐渐分明，二者开始分离，并各自专注于自己的专业领域——会计师只做会计，律师专攻法律。然而，随着时光流逝，如今会计师和律师之间的界限又开始变得模糊，业务再次出现重合。普华永道拥有遍布全球 83 个国家和 2 400 名律师的法律团队，提供全球范围内的法律服务。德勤在全球 56 个国家内，拥有 1 300 名律师。安永和毕马威也同样拥有大量的法律业务。传统的律师事务所不安地注意到，自己的地盘正在被会计师不断地蚕食，它们感到了威胁。

在准法律类业务领域，会计师走了很长的一段路才取得今日的成就。1924 年，美国税务上诉委员会决定，只有律师和注册会计师才有资格处理它们的案子。注册会计师被授予处理案子的资格，让律师感到了极大的威胁，他们想方设法地抵制会计师以保卫自己的势力范围，这是一个站在职业金字塔顶端的"头部"职业群体试图打压"弱势"职业群体的案例。自那以后，大型会计师事务所经常被指责"未经许可擅自"开展法律业务。

法律服务领域是一个被法规、地方规章和道德标准高度约束的领域。例如，在一些司法管辖区，当地法律会限制律师和非律师之间分享收费的比例。四大的批评者们抱怨说，四大偷偷绕过了这些法律监管，并且在市场推广和其他业务开拓方面，四大所受到的限制远比律师事务所（和其他职业，比如医生）要少。以印度为例，当司法委员会收到印度律师事务所协会对四大跨界行为的抱怨后，向四大发出通知，指控其违反了律师执业的注册要求。在澳大利亚，一些大型律师事务所提议减少交给四大的业务量。过去它们是合作伙伴，如今迅速地发展成为竞争对手。

为保卫自己的地盘，律师们宣称会计师无法提供同律师一样广泛和深入的客户保护，例如像保密这样的法律特权。同时，律师事务所开始寻求规模效应所带来的保障，联合组成巨无霸企业，被统称为"大律师事务所"（Big Law），与"四大"（Big Four）的统称相对应。然而，在法律类业务丰厚回报前景的诱惑下，会计师事务所毫不妥协，利用自己在政府领域的关系，不遗余力地捍卫它们长期以来取得的成果，并为未来的发展铺平了道路。

会计师事务所的战场可不仅于此。在多元化的"管理咨询"业务领域，它们发动了最猛烈的进击。

## 挺进"咨询业"

会计师涉足咨询领域的进程曲折迂回，而且并非毫无阻力，阻力甚至来自会计行业内部。普华早期的高级合伙人阿瑟·洛斯·迪金森就认为会计师不应建议企业该如何经营，而是应该着重于审计企业的会计账目是否准确。迪金森的观点影响了会计行业许多年。安达信在体系咨询方面的首次尝试，更是被视为不智之举。斯蒂芬·A. 泽夫在他 2003 年发表的论文《美国会计行业发展历程：第一部分》（How the U.S. Accounting Profession Got Where It Is Today: Part I）中，就描述了 1979 年安达信董事长和首席执行官因为建议将安达信的业务划分成审计和咨询两部分，而被迫提前退休的往事。

起初，会计师进入咨询领域只是试探性的尝试。1963 年，普华提升了其"体系部"的地位并将其重新命名为"管理咨询业务部"，这个名字也反映出普华的竞争对手们是如何向市场推广此类服务的。（在 20 世纪 50 年代就开始提供咨询服务的安达信，将其体系部命名为"管理服务部"。）以如今的眼光来看，普华这个新管理咨询业务部当时提供的一系列咨询服务范围还比较狭窄，包括"对管理组织进行定期审查，对统计信息的形式和内容提出建议……对管理制度进行检查，对办公机构的设置提出建议，对会计电算化进行建议。"随着咨询业务规模的扩大和会计师事务所对未来的期望越来越高，任何对管理咨询业务的顾虑和担心注定都会被忽视。很快，会计师事务所就开始协助政府、国防部、汽车制造商、农业企业、石油巨头、制药巨头等制定发展战略，并协助其执行。安达信、普华和它们的其他主要竞争对手一起，在这个新兴市场中蓬勃发展。

除了为事务所开辟新的利润增长点以外，开展咨询业务还帮助事务所解决了长期存在的会计和审计工作季节性不均衡问题。正如1945 年普华的合伙人保罗·葛莱蒂所言：

> 过去，每年的第一季度都是公共会计最煎熬的一段时间，事务所上上下下以及大量临时招聘来的人手，都承受着巨大的压力……形成这种现象的根本原因如今依然存在，为了实现会计行业的顺利发展，这个问题必须要解决。

在普华事务所成立的初期，8 月总是一个门可罗雀的业务淡季。尼古拉斯·华特豪斯回忆到，8 月的生意如此冷淡，那些度假的员工有时甚至会被通知"不要回来上班，再多休一两个星期的假"。与之形成鲜明对比的是，年底的业务旺季又让整个事务所忙得不可开交。1910～1920 年，一些美国会计师事务所采取了一个激进的解决方案：在旺季最繁忙的那段时间，雇用老师甚至农夫等非会计人员担任临时工。

会计师事务所是劳动密集型企业，旺季业务再忙碌也好过没有业务。会计师事务所拥有的是人工，人工不能像货物一样存储并在以后销售，人工闲置即损失。除了淡旺季外，事务所还会受到宏观经济周期以及那些与经济繁荣或萧条密切关联的业务线周期的影响。例如，在宏观经济不景气时，事务所的清算业务却很火爆。会计师事务所应该如何充分利用这种周期性？开展与季节及经济周期关联不大的咨询业务，为会计师事务所提供了解决方案。

即便是在 19 世纪，提供咨询服务也是会计师事务所传统的审计、税收和会计服务的常规内容。例如，客户有时会向事务所寻求管理制度和账务处理方面的指导建议。但是，当时的咨询业务不是一个独立的业务，在员工培训和招聘方面也没有被重视。对于咨询业务的收入在事务所的总营收中占多大比例，由于当时事务所各业务之间的界限并不清晰，所以很难知道确切的数据，但 5% 应该是个可信的比例。然而，无论这个比例是多少，当时咨询业务的规模还不足以平滑淡旺季之间的巨大差距。

然而，在 20 世纪 70 年代末期，咨询业务营收占比已经增长到 20% 左右。当时，全美"八大"会计师事务所中，有六家事务所排在美国十大咨询公司之列。（安达信曾在 1983 年名列第一。）在整个 80 年代，咨询业务营收占比继续攀升。1990 年，咨询业务营收已经达到当时全部六大会计师事务所营收的 25% 左右，对于安达信，这个比例更是高达 44%。到了 90 年代末期，在四大会计师事务所的营收中，咨询业务的收入已几乎占据了半壁江山。

几年之后，四大会计师事务所中的三家先急剧收缩其咨询业务
[导致了毕博咨询公司（BearingPoint）、凯捷咨询公司（Capgemini）
和星期一咨询公司（Monday）的诞生]，之后又以更迅猛的势头卷
土重来。2013 年，在十大会计师事务所中，德勤会计师事务所的咨
询业务收入率先首次超过其传统的会计业务。在威廉·德勤于伦敦
创办德勤事务所 168 年后，德勤实现了业务的突破。

## 解放

20 世纪，四大的咨询业务最令人瞩目之处是其业务多样性和
惊人的增长速度。四大很快就占据了咨询市场的半壁江山，可以与
那些包括"精英三杰"在内的"纯"战略咨询公司分庭抗礼。"精
英三杰"是指麦肯锡、贝恩和波士顿咨询公司。"纯"咨询公司继
续占据着咨询行业利润最丰厚的那部分市场，四大虽然在利润略
低的领域耕耘，但是也收获了与"纯"咨询公司不相上下的收入。
咨询市场达到了一个新的平衡，各个公司都占有了自己的一席之
地。Vinod Mahanta 于 2013 年发表在《经济时代周刊》（*Economic
Times*）的文章中写道："通常老牌咨询公司（比如'精英三杰'）
看不上四大，认为它们虽然有能力，但是只配做些微不足道的小
业务。而四大的咨询师……则认为老牌咨询公司虽然很出色，但
是……名过其实。"

对咨询业务的拓展，将大型会计师事务所从发展空间有限的审
计、破产清算和税务领域解放了出来。咨询业务可以提供给任何客

户，不仅包括上市和非上市公司，还包括政治党派、政治团体、监管机构、教会、社团和个人。20世纪下半叶，会计师事务所为政府、创意产业及非营利组织（如医院、疗养院、大学、宗教机构和其他慈善机构等）提供的咨询业务，取得了显著的增长。非营利组织的咨询服务，出人意料地给四大带来了丰厚的利润。

此外，咨询服务的范围也被拓宽。事务所不仅为客户诊断问题、提出解决方案，还会协助企业实施解决方案。通过无处不在的"项目管理办公室"（project management office，PMO），管理、改善项目成为四大的核心业务。事务所不再只是客户信赖的顾问，它们如今也成为客户项目的实施人和管理者。多年以后，事务所才充分意识到，这种身份的转变给它们带来了多大的风险。就以最近的例子来说，德勤被曝出帮助客户建立了一个糟糕的薪酬系统，该系统的失效导致数千名员工没能按时收到工资。

对会计行业来说，20世纪是个创新的时代。新科技带来的新发明如浪潮般涌现：打字机、复印机、计算器、电脑。20世纪60年代以后，咨询业务的创新层出不穷，业务复杂程度也日益增加。事务所的咨询业务开始涉及企业财务、制度咨询、IT咨询、内部审计、舞弊审计、廉洁审计、经济顾问、经济建模、财务建模、效率审查、方案审查、部门审查、商业案例、法律服务、房地产顾问、项目管理、投资逻辑、成本效益分析、估值、评估、调查、公共关系、公共事务、就业顾问、猎头顾问、架构重组等很多方面。

如果四大的咨询业务为了"迎合所有人的需求而包罗万象"，那么会计行业就又倒退回最初"会计师"既是法庭书记员，又是拍卖商以及各种杂事代理人的日子。在行业发展的早期，许多专业机构如英格兰及威尔士特许会计师协会付出了巨大的努力，才界定清楚会计和审计业务的边界。拍卖商、法庭书记员、房地产中介、讨债人和其他各种代理人，再也没有资格称自己为会计师。然而，现在的四大，又走到了另一个极端。为了能够应对当前各种各样的咨询业务，事务所不得不招聘各类人才。

## 员工多样化

如今，越来越少的四大员工称自己为会计师，同时越来越少的人追求正式注册或拥有注册会计师资格。只要能提供咨询服务，任何人都可以加入四大。当前四大员工背景和业务线的多样化堪比行业形成的初期。四大的一名董事最近举例描述了这种现象："在我近期工作的一个团队中，成员有会计师、审计师、精算师、经济学家、工程师、心理学家、顾问、社工、建筑师、科学家、地质学家、地理学家、人口学家、招聘人员、营销人员、经理人、金融家、房地产中介、文科大学生，以及一些多面手。"

新进员工为四大带来了多元的职业文化和不同的专业背景。因此，在咨询业务领域，四大致力于打造统一的职业文化和职业身份认同，就像四大在税务和审计领域一样。然而，不可避免的是，新进员工对企业文化的融入程度参差不齐，对合伙人晋升道路的感兴趣程度也不尽相同。所以，四大在企业文化融合方面所做的努力，只达成了部分预期。

在四大拓展咨询业务的进程中，其他内部问题也开始浮现。首先，员工技能专业化的投入成本很高，除了特殊人才招聘和定制专业培训等直接成本外，还包括其他业务领域人手不足时，无法实现将员工在不同业务间进行无缝调配所产生的间接成本。其次，四大对专业化服务和技能培训的投资不均衡，这也导致内部团队之间和在内部人手安排方面，产生摩擦。再次，四大开拓咨询业务的初衷是通过将员工在不同业务领域调配，解决工作季节性不均衡问题，而咨询业务的专业化使上述初衷实现的可能性降低。例如，在审计人手短缺时，不可能将地质学家或社工调去做审计。最后，专业化也造成了人员不稳定。四大都经历过自己精心组建的优秀顾问团队被竞争对手挖走的噩梦。

## 复杂的工具包

为了能够提供多元化的咨询服务，四大吸收和借鉴了各种理论和方法，创造了复杂的工作工具。它们来源于斯里兰卡的佛教寺院、十字军东征的融资渠道、意大利的商业金融、荷兰的东印度公司、英国的庄园会计学、19 世纪的企业管理、泰勒的科学管理理论、凯恩斯的公共财政学、20 世纪 70 年代的管理理论、新古典经济学、撒切尔主义、新公共管理理论、20 世纪 80 年代的企业金融、日本的持续改善管理方法（kaizen management）和准时生产方式（just-in-time manufacturing）、系统工程学、德鲁克、波特、熊彼特主义、福特、加尔布雷斯、兰德公司等。四大就像喜鹊一样，经年累月地到处借鉴适用的理论和方法，丰富自己的工具包。

四大当前的咨询服务支柱——效率评估业务就很好地展示了四

大咨询工具的奇特的历史由来。18 世纪，约书亚·威基伍德率先在自己的陶瓷工厂采用了效率评估的方法。作为达尔文的外祖父，约书亚·威基伍德是一个天才，也是最早对成本核算有深入思考的实践者之一。

除了复式记账法和财务审计等技巧外，四大也会使用一些非财务甚至非量化的工具，例如了解企业使命、沟通策略、投资逻辑图和文化改善项目等。凭借这个包罗万象的复杂工具包，四大在 20 世纪产业多元化和专业化、国有化和私营化、放松管制和加强监管的各种周期更替中游刃有余。例如，在金融领域，四大在"银保合作"的口号下，推动了银行业和保险业的合并。而当合并没有产生预期的协同效应时，四大又以效率提高、业务聚焦和风险控制为理由推动了二者（银行业和保险业）的分离。让客户维持现状、什么都不做，并不是咨询顾问们赚大钱的正确态度。

由于四大将借鉴来的各种工具全部进行了重新命名和整合，客户们很难从咨询报告中察觉到这些咨询工具的奇特背景和来源。四大的咨询报告总是充斥着社会常识和人云亦云的陈词滥调，以各种线条、图案和符号做点缀，满是诸如"激励""有效的""自下而上""自上而下""利益相关人参与"和"学习"等毫无意义的词语，读起来枯燥乏味。

四大提供给咨询服务客户的所有书面报告，形式上几乎如出一辙，都有相似的行文结构、免责声明、图表展示、页面排版以及冗长的篇幅。咨询报告篇幅的长度和厚重程度，影响着四大的收入，对四大异常重要，因为四大通常以报告的页数作为收费标准。（或者反过来，按照想要收费的金额，确定报告写多少页。）一份"掷地有声"的厚重报告，会让客户感觉自己收到的咨询报告物有所值。

## 咨询服务的价值

这就让我们不得不面对一个令人不安的现实：咨询服务的"质量"实际上是个很难衡量的概念。表面上看，咨询服务的作用是解决麻烦和问题，但实际上，却是占领用户心智。通过满足客户"做些什么"的需求，满足客户"被人看到妥善解决了问题"的需求，咨询顾问成为客户大脑中神秘胺多酚的开发者。通过各种复杂的调查和访谈，四大费尽心力地判断着它们所提供服务对客户心智的影响程度。"这个客户会成为固定客户吗？""客户会向别人推荐我们吗？""这个咨询业务的成果是否提升了我们的品牌知名度？"这些问题的答案决定着事务所未来提供什么样的咨询服务，也决定着合伙人及其团队的职业前景。

很多咨询业务并不复杂。咨询团队在工作中会尽可能地使用常规和通用的操作手段，因为这样的实施成本会比较低，尽管结果可能并不尽如人意。与税务和财务审计等财务类业务相比，咨询业务面临的风险会低很多（所受的监管也较少）。税务和审计服务蕴含着各种潜在风险，咨询服务的工作环境却轻松自由。医生、建筑师、工程师以及许多其他专业人士，每天都要面对各种现实的危险。但在咨询服务业，能出什么大问题呢？即使咨询建议不合时宜、不切实际，或者只是单纯地有点愚蠢，这些情况也鲜少被发现。假如客户接受了某项咨询建议并采取了相应的行动，咨询建议的有效与否却很难判断，因为没有一个平行的时空可以展示如果客户不接受咨询建议会出现什么样的结果。咨询顾问为客户设计的企业战略，其成败受太多因素影响，而这其中又有很多因素超出了客户和咨询顾问的可控范围。因此，想要证明咨询顾问的某项建议让客户利益受损，并且想让咨询顾问为此负责，是不现实的。

不仅如此，咨询报告还有很多免责声明护身。咨询报告和咨询信函通常公然附有各种范围广泛的免责声明，诸如："我方不保证建议的质量""对于依此建议采取的一切行动，我方无须承担任何责任""若贵方提供的信息错误，我方对此无须承担任何责任"等。这些免责声明都体现了赤裸裸的官僚主义形式，是一种奇怪的伪法律人类学。

## 咨询工作的科学基础

在近现代，会计和簿记都被归入科学的范畴。那么咨询服务也是科学吗？

在咨询报告的所有免责声明、图表和字体背后，咨询服务所依赖的是经验和类经验主义。这个基础很少被质疑，而且即便出现质疑，质疑者也往往徒劳无功。咨询报告总是充斥着毫无意义的分析和似是而非的关联性。许多针对企业的并购、股权激励、独立董事设置、各种外包采购、人员精简和架构重组等重要的咨询服务，都被证明对企业的成功仅有微弱的贡献，甚至毫无贡献。这些咨询服务尽管披着严谨和科学的外衣，但严谨和科学只是一种假象。

　　实际上，很多咨询服务，特别是那些企图预测企业前景的咨询服务，通常落入统计学家所谓的"虚假特异性"（即高估自己的能力）范畴，更被经济学家 J. K. 加尔布雷斯称为"精雕细琢的无知""根本性错误"和"欺诈"。在咨询业务领域，会计行业与科学之间的脱钩最为明显。

| 第 6 章 |

# 不明智的改变
## 四大的品牌创建历程

## 名字的由来

　　品牌是美第奇银行崛起的关键因素。从西方的苏格兰到东方的中国，美第奇银行的名字很快就成为安全和诚信的象征。不仅如此，它还在银行内部起到了约束作用，让那些野心勃勃的初级员工安分守己。一个美第奇银行的经理可以轻易自立门户，采用美第奇银行的经营方法，成为美第奇银行的竞争对手，但他无论如何都不能使用美第奇银行的名字，因为只有美第奇银行的合伙企业，才有这个特权。

　　尽管家族最初有犯罪历史，并且在其发展过程中经历了各种波折，美第奇的名字依然是史上最伟大的品牌。即便是现在，美第奇的名字仍然活跃在欧洲银行界。四大会计师事务所当前的名字也一样，不仅是全球知名品牌，还是它们最有价值的资产之一。

20 世纪初期，壮观的英国大西部铁路被追捧者誉为"上帝的杰作"（God's Wonderful Railway），而讽刺者们则揶揄其为"绕圈路"（Great Way Round）。在铁路公司最初的大规模合并案中，最引人瞩目的事情莫过于对于合并后新公司名字的艰难抉择。需要考虑的问题包括：哪家公司的名字应该放在新名字中最醒目的位置？哪家的历史传统最重要？大型会计师事务所的合并，也遇到了同样的问题。

例如，1989 年普华和安达信酝酿的合并没能成功实施，除了对外宣称的两家事务所"有巨大的文化差异"外，另一个原因就是双方对合并后的新名字无法达成共识。双方都认为，自己的名字应该在新名字中占更重要的位置。普华事务所的一位谈判人坚持认为："应该在新公司名字中保留'Price'的潜在营销价值，以吸引对成本敏感的客户。"⊖然而实际上，这样的联想与该所一直渴望营造的质优价高的市场形象截然相反。（如果萨缪尔·普莱斯还在世的话，他一定会冲上楼将这位谈判人痛揍一顿。）最后，经双方妥协，新名字的缩写差一点被确定为"PWA"，与普华永道如今的名字缩写 PwC 非常接近，如果不考虑字母大小写的差异的话。

（在 20 世纪 90 年代初的经济衰退中，据说普华事务所为了争取金融服务业巨头英国保诚这个客户，通过"赔本赚吆喝"的手段，主动将审计收费降低了 40%。可以想象得到，普华事务所会通过向客户推销利润丰厚的非审计业务，来弥补审计收费打折造成的

⊖ 普华的英文名称是 Price Waterhouse，Price 有价格的意思，可以让人联想到廉价。——译者注

损失。《伦敦标准晚报》的编辑在一篇名为《普华永道低价竞争的心路历程》(A Cutting Sense of History at PwC) 的文章中指出："普华事务所靠低价争取保诚的丑闻曝光后，对普华事务所的名声产生了巨大的影响，普华事务所用了好几年，才摆脱身上'削价普华'的标签。"）

无论是普华永道的简称 PwC，还是其全称 Pricewaterhouse-Coopers，都透露出普华和永道事务所（Cooper & Lybrand）合并谈判的不易。这包括对合并后的新名称中是否使用空格以及字母的大小写进行的反复考虑和商议。无论在合并后的正式全称还是简称中，代表华特豪斯的"w"，都是小写字母的形式，这让这个品牌看上去给人一种局促和不正式的感觉。我们很想知道，埃德温·华特豪斯和尼古拉斯·华特豪斯父子会怎么看待普华这种奇怪的妥协？

PwC 这个缩写，给会计行业带来了很多笑料，除了令人尴尬的同音词"小便 – 厕所"（Pee-WC）外（这也是 w 用小写形式的另一个原因），其他广为流传的玩笑包括将 PwC 改写为"用计算器猛刺"（pricks with calculators）、"谨慎行事"（proceed with caution）、"廉价劳动力"（people working cheap）、"劳碌的打工人"（people working constantly）、"没有阶层之分的合伙人"（partners without class）。尽管普华永道事务所如今仍然被称为 PwC，但其最新的公司标识已经全部改用小写字母。

普华早在与永道合并之前，就已经开始对公司名称进行重新设计。1940 年，普华将名称 Price, Waterhouse and Co. 中的逗号删掉了。当时正值战争时期，在战时厉行节约、一切从简的大背景下，这个变化被一位报纸专栏作家开玩笑说是为了"节约墨水"。到了1981 年，公司名称 PriceWaterhouse and Co. 中的" and Co."也被舍弃。Co. 代表"合伙人"（co-partners）而不是"公司"（company）。

在普华成立的头五年中，合伙人除了普莱斯和华特豪斯外，还包括威廉·豪利兰德。当合伙人决定给事务所制作一个黄铜名牌时，华特豪斯担心如果名牌分别安装在大门中间两侧的话，当大门打开时，路过的行人会在一侧大门的半块名牌上先看到"价格、圣水"（Price, Holy Water），在另一侧大门的半块名牌上，看到"土地和房屋"（land and house）。

当普莱斯于 1887 年去世后，事务所仅剩下两名合伙人：埃德温·华特豪斯和乔治·史尼斯。史尼斯是一个农民的儿子，性格开朗和善。华特豪斯曾建议将事务所的名字变更为华特豪斯史尼斯事务所（Waterhouse, Sneath and Co.），但是史尼斯对此提出了异议。他解释说事务所现有的名字有巨大的商业价值，不宜轻易变更。让我们试想下，假如事务所的名字真的按照华特豪斯建议进行了变更，拥有普华史尼斯永道事务所（WaterhousesneathCoopers）这样一个全称的 PwC，还能发展成为国际知名企业吗？

库珀兄弟事务所也有一则经常为人津津乐道的趣事。该事务所最早的办公地点位于伦敦齐普赛大街旁边的水沟巷。随着事务所的规模扩大，名气上升，水沟巷的名字越来越影响公司的形象。据说合伙人们曾经写信给伦敦市政府，建议将水沟巷的名字改为库珀巷。市政府不但拒绝了这个建议，而且提议事务所不妨将自己的名字改为水沟兄弟事务所（Gutter Brothers）。

皮特马威事务所与欧洲的 KMG 会计师事务所合并后形成毕马威会计师事务所，简称 KPMG。 KPMG 这个简称并非按照双方事务所名字的字母顺序排列，而是模仿英国圣米迦勒及圣乔治荣誉勋章的缩写 KCMG。KPMG 这个简称给行业带来的乐趣完全不亚于 PwC：除了 KPMG 中每个字母原本代表的意义非常挑战人们的记忆外（许多毕马威的员工自己也记不清楚），其他笑料还包括将KPMG 四个字母改写为"继续打高尔夫"（keep playing more golf）、"让合伙人们继续赚钱"（keep partners' money growing）和"继续从政府赚钱"（keep pulling money from government）。

安永会计师事务所之前的官方名称为 Ernst & Young，如今只有两个简单的字母 EY，但是 Ernst & Young 这个旧称依然被广泛使用。还有一小部分人也坚持将 Ernst & Young 中的 Ernst 读作或写作"Ernest"，甚至是"Earnest"⊖。"Earnest"这个词的含义所带来的联想，对一家从事审计的事务所而言，未尝不是一件好事。其他对 EY 这两个字母开玩笑的改写包括"E- 为什么"（E-Why?）和"Ernie"（儿童剧《芝麻街》的角色）。

德勤会计师事务所（Deloitte）那具有艺术气息的简约 logo( 品牌形象标志 ) 是德勤花费重金精心设计的结果，就连品牌中的绿色句点（被称为"德勤绿点"）都有独特的含义，它寓意着创新，而不是结束。在名字变更为 Deloitte 前，德勤的全称为 Deloitte Touche Tohmatsu，这个名字如今依旧被德勤集团母公司"德勤全球"这

---

⊖ Earnest 在英文中有"诚实的"意思。——译者注

个法人实体使用。Deloitte 是一个有点英国化的法国姓氏，来自威廉·德勤的祖父——在大革命时期逃离法国的罗伊特伯爵（Count de Loitte）。

乔治·图谢爵士（Sir George Touche）是苏格兰人，原名为乔治·塔克（George Touch）。他的家族将自己的姓氏念为"toch"（发音：/tɒk/），发音同"loch"（发音：/lɒk/，意思为湖泊），它的尾音与"such"（发音：/sʌtʃ/）或"douche"（发音：/du:ʃ/）完全不同。对于一个会计师来说，"touch"这个词的发音会给人带来负面的联想⊖，就像 earnest 会给人带来正面联想一样。因此乔治在自己的姓氏中额外增加了一个字母"e"，以和"touch"这个词区分。在四大会计师事务所名字的演化过程中，Touche 这个名字注定要消失。除了 Touch 以外，如今在四大的名字中"缺席"的还有惠尼（Whinney）、加恩斯（Garnsey）、普兰德（Plender）和凯德（Kettle）。这些名字所代表的合伙人在建立这些大型事务所和推动会计职业发展的进程中，所做的贡献并不比其他合伙人少，但他们的名字最终没能在四大的品牌中保留下来，很多情况下只是因为差点运气。

四大会计师事务所当前的品牌名称所传递出来的英式诚信和谨慎的气质，令人安心。除了毕马威的大本营位于荷兰的阿姆斯特丹外，其他三家事务所的大本营都在英国（德勤是家英国企业，尽管其总部设在纽约）。但是从这些事务所的股东结构和收入来源来看，它们都早已不再局限于英国。在员工数量方面，当前四大在亚洲和北美的员工数量已远超英国。中国也即将超过英国，成为拥有四大

---

⊖ touch 有"触摸"的意思。——译者注

员工数量最多的国家。多年来，德勤全球网络的顶层组织一直是一个设立在瑞士、被称为 verein<sup>⊖</sup>的实体。verein 这种组织形式被英国《卫报》的记者安德鲁·克拉克称为"一种关系比较松散的……成员结构，该组织结构最初被体育俱乐部、志愿组织和各种协会采用"。毕马威原来也是 verein 结构，现在则成为联合会的形式。

四大如今都发展成为真正的国际知名企业，史尼斯先生如果泉下有知的话，一定会为此感到骄傲。

## 主动揽客

早期，会计行业并不盛行"主动揽客"，会计师们通过正式或非正式的社交渠道接触客户或是期待客户自己找上门来。毕竟，会计师从事的是一个专业的工作，而不是纯粹的商业。结识新客户和获得新业务的首选方式包括成为慈善团体成员，加入乡村俱乐部，积极在各种聚会、社团和商会活动中热情周旋。这种获客方式低调但耗时漫长。

2002 年担任毕马威丹佛分所执行事务合伙人的瑞克·康纳认为，"会计师是一个绅士的职业"，他还对《华尔街日报》表示，"在这个行业里，全职销售人员闻所未闻"。会计师被《华尔街日报》记者伊安·杜根喻为"资本主义的良心"，因而主动推销自己有违会计师的公共使命和职业权威。直到 20 世纪 60 年代，会计行业中还不

---

⊖ verein 是指若干成员或组织为追求一个共同目标而结成的联盟架构，这种联盟架构容许各成员在同一个品牌、市场推广和营运策略下运作，同时保持各自的法人独立性和经营独立性。——译者注

存在为招揽新客户而进行"营销活动"这样的概念。在英格兰及威尔士特许会计师协会成立的早期，任何广告和营销都被严格禁止。

例如，1881 年一位协会的成员因为利用明信片推销破产相关业务，而被协会公开谴责。即使会员使用其他更低调的推广方式，一旦被发现，也可能会被置于水深火热之中。Sir Harold Howitt 在他1966 年关于英格兰及威尔士特许会计师协会历史的著作中指出："在发现协会成员发布任何形式的广告时，协会秘书有权联系并告知对方，协会认为这种行为非常不专业。"

在美国，会计行业对待广告的态度与英国也基本相同。1922 年，美国会计师协会（American Institute of Accountants）禁止会员单位发布广告，也不准有其他形式的自我推销。然而，对像安永创始人埃尔文·查尔斯·恩斯特（Alwin Charles Ernst）这样的人来说，他们无法抗拒印刷媒体和其他营销手段的诱惑。据说是埃尔文于 1917年成立了会计行业的第一个销售和推广部门，并将其命名为"商业发展部"。作为一家全国性的会计师事务所，恩斯特和恩斯特事务所（Ernst & Ernst）在 20 世纪 20 年代，就公开在报纸上发布广告，用诸如"竭诚为您的利益保驾护航"或者"知识带来财富，无知造就愚蠢"等标题推广自己的业务。美国会计师协会对此非常不悦，并于 1923 年指责埃尔文及他的两位合作伙伴违反了协会禁止广告和推销的规定。但是埃尔文他们不为所动，并为此放弃了美国会计师协会的会员身份。

面对不断变化的价值观和市场现实，所有这些对营销的限制都注定会消失。《会计道德危机》（*Crisis in Accounting Ethics*）的作者就曾在书中阐述了广告、营销和其他商业竞争行为是如何成为会计行业的新常态的：

1972 年，美国会计师协会向（司法部）屈服，同意从其道德准则中删除对竞争性投标的禁令。到了 1979 年，司法部和联邦贸易委员会（FTC）迫使协会放弃其对直接、主动营销和发布纯粹信息性广告的限制……美国会计师协会这些道德准则的修订，特别是对竞争性投标和主动营销规定的修订，深刻改变了事务所的经营环境。在"积极追求利润"的商业驱动下，事务所开始竞争，从而对会计师的职业价值造成了压力。

如今，主动营销已成为四大不可或缺的生存方式，尤其是在咨询业务领域。合伙人及员工日常工作中很大一部分（通常多达一半）时间和精力，都是在准备推介文件和挖掘新项目。行业里出现了一些更文雅的新名词来描述营销工作，例如"市场参与"，而恩斯特当年所创造的"商业发展"这个词，现在也普遍被称为"BD"。

一旦摆脱营销桎梏，四大很快就将职业谨慎性抛诸脑后，有些机构甚至在营销中不择手段。1983 年，在养老金会计核算业务的激烈争夺中，图谢罗斯事务所（Touche Ross & Co.）发行了一本业务宣传册。该事务所承诺可以协助客户向财务会计准则委员会（Financial Accounting Standards Board）"出具一份有效且有说服力的答复文件"，无论客户的方案是持何种立场，该事务所都"可以协助客户评估方案效果，发掘支持性证据并衡量方案的经济效益"。图谢罗斯事务所的上述行为，被指责出卖了职业诚信，并且"为拉业务毫无底线地顺应客户"。

2011 年，德勤承接的澳大利亚烟草行业项目，也遭受了类似的批评。当时，一项关于强制推行香烟普通包装<sup>⊖</sup>的法案引起了政治纷争，烟草行业作为该法案的强烈反对者，委托德勤出具了一份关于非法香烟的报告。澳大利亚海关与边境保护局（Australian Customs and Border Protection Service）的官员们称德勤的报告"有误导之嫌"，并且质疑报告数据的"可信性和准确性"。接着，德勤又出具了第二份关于非法香烟的报告，这份报告被联邦部长布伦达·奥康纳指责"毫无根据""具有欺骗性"和"捏造事实"。澳大利亚的卫生健康部门和其他香烟普通包装的支持者们，也对德勤进行了谴责。

正当毕马威丹佛分所的瑞克·康纳对着《华尔街日报》侃侃而谈会计师是一个绅士的职业时，他在印第安纳州的毕马威同事们正在设立一个呼叫中心，由电话推销员随机向潜在客户推销毕马威的税务服务。该所在 2000 年 6 月制订了一份备忘录，指导员工如何处理电话推销中的"棘手问题以及其他麻烦"，比如如何说服犹豫不决的客户。备忘录向电话推销员建议了一些可采用的技巧，包括"扯平"的方法（联系马上就需要缴纳大笔税款的客户，此时客户有可能会"极度烦躁"），以及用"豆豆宝贝"<sup>⊜</sup>的方法（告诉客户毕马威的税筹服务有年度指标上限，目前已经快完成指标）。那些觉得

---

　　⊖　香烟普通包装是禁烟人士一直在努力倡导的。普通包装要求烟盒去掉品牌信息（颜色、图片、公司标志和商标），只允许制造商在烟盒上的指定位置用指定的大小和字体印上自己的商标，除此之外，还要印上健康警告标识和其他法律要求的信息，比如有毒成分和完税标签。所有品牌的香烟都被要求使用外观相同（包括颜色）的烟盒。——译者注
　　⊜　豆豆宝贝是美国玩具公司推出的填充玩具系列，后来掀起了疯狂的收藏、交易及炒作风潮。——译者注

推销人员提供的方案"好得难以置信"的客户，则会被告知毕马威
的税务服务产品已经被广泛地审核过，包括一些美国国税局以前的
专家，他们现在正为毕马威工作。

## 撤退和前进

20 世纪 90 年代初期，会计界的六大事务所都位居全球七大咨
询公司之列。随着它们的咨询业务收入增长到与传统的会计和审计
业务"相当"、占据了事务所总营收的半壁江山时，它们开始将自己
标榜为"多元化的专业服务企业"，也就是说它们更多地认为自己
是商业咨询机构，而不仅仅是会计或审计机构。对于大型会计师事
务所来说，咨询业务赚钱的方式不止一种，它们不仅可以通过向客
户提供咨询服务收费，更重要的是，还可以通过向客户出售自己的
咨询业务板块获利。

2002 年，随着安然丑闻的爆发及《萨班斯 – 奥克斯利法案》的
颁布，毕马威和普华永道纷纷剥离了自己的咨询业务，从咨询市场
撤离。○毕马威将自己的咨询公司毕马威咨询通过独立分拆上市的
方式剥离，该公司后来发展为毕博咨询公司。IBM 则以价值 35 亿
美元的现金和股权，收购了普华永道的全球管理咨询和技术服务公
司，即普华永道咨询。安永则早在 2000 年就出售了自己的咨询公
司即凯捷咨询公司。

咨询业务的剥离，给四大的合伙人模式和道德准则带来了各种

---

○ 安然丑闻爆发后，会计师同时为客户提供咨询服务和审计服务在独立性上被投资
者和监管部门质疑，因而会计师事务所纷纷剥离了自己的咨询业务。——译者注

各样的挑战，毕竟，在专注于业务经营和把业务打包出售之间的灰色地带，存在着各种诱惑。咨询业务剥离也给咨询市场带来了现实的麻烦，特别是这些撤离咨询市场的大型会计师事务所，在短短的几年后又卷土重来。毕马威、普华永道和安永都如此。在出售咨询业务时签订的所有竞业限制条款到期后，事务所在咨询市场上强势回归。德勤由于前期只出售了部分咨询业务，仍然保留了咨询公司的主体，因而在事务所重返咨询市场的风潮中，占尽先机。但是，事务所在咨询市场上这么来来去去，引出了一个至关重要的问题：客户该怎么办？

四大的强势回归，导致行业重新洗牌，也引发了一些行业乱象。在澳大利亚，普华永道通过大肆收购一个个中小型战略咨询公司，如 GEM Consulting The Difference Walter Turnbull Ashley Munro 以及 Mainstreet Corporate 等，来重建自己的咨询业务。对这些中小型咨询公司的股东来说，那是他们的高光时刻。德勤则在澳大利亚和美国，将市场上的优质咨询企业和咨询团队悉数收至囊中。2014 年，全球领先的管理咨询机构博思艾伦咨询公司起诉德勤，指控对方窃取商业机密，以挖走它的一个专业咨询团队。

2013 年，普华永道收购了博思艾伦咨询公司旗下的战略咨询业务板块，即博思公司，并将其更名为思略特公司（Strategy&, 这个新名字再次显示了普华永道对名字排版中字符间距设计的恶俗偏好），保留了它在网络安全和风险咨询方面的业务重心。更名主要是为了避免法律纠纷和避免引起市场对博思这个在战略咨询领域众所周知的品牌的混淆，因为博思艾伦咨询公司在转让协议中设置了一项特别条款，禁止普华永道收购后继续使用博思或其他相关名字。在出售博思公司后，博思艾伦咨询公司继续担任政府和国防机构的主要战略咨询顾问，并在与博思公司签订的为期三年的竞业限制协议到期后，将咨询业务的触角延伸到了技术整合和安全领域。

思略特这个品牌，后来证明跟"星期一"咨询公司的品牌一样，是个重大失误。"星期一"是普华永道的咨询公司在被 IBM 收购前的名字，这个名字诞生后，很快就让一些不喜欢自以为是的咨询师和不喜欢星期一的反对者结成了反对联盟。"星期一"公司上线的官网是 www.introducingmonday.com，但却忽视了 www.introducingmonday.co.uk 这个网址，这让恶搞者们立刻抓住了机会，迅速抢注了这个网址，并将其做成了一个恶搞网站。访客们一打开这个恶搞网站，首页立刻会跳出来一头粗制滥造的动画驴子。"这头驴子让我哈哈大笑，"一位访问者说，"有公司给自己起名叫'星期一'，这已经很搞笑了，然而这个网站让我笑得更厉害了。"会计师们在市场营销方面的荒唐事，又增添了一件。"星期一"这个名字很快就被淘汰，那头动画驴子也随之成了四大的传说之一。

# 第 7 章

# 合伙人制度
## 独特的企业文化

## 杠杆式用工

尽管美第奇银行的日常通信透露出的是众人对明矾矿、羊毛与丝绸市场以及宫廷信用等外部事务的关注，但他们同样关心银行内部事务，像美第奇银行的系统是否可靠，是否足以察觉欺诈和防范金融灾难？谁会升职加薪？那些刚从珠算学校毕业的年轻人是否满足美第奇银行的用人标准？

安吉洛·塔尼<sup>○</sup>、里尼耶利·德·利卡索里和科西莫·德·美第奇都清楚"杠杆"的作用。在合伙企业中，"杠杆"意味着通过雇用初级员工来补充和增强合伙人的能力和实力，以实现企业的扩张与增长。美第奇银行是最早掌握和利用杠杆原理的大型合伙企业之一。在杠杆公式中，每位合伙人创造的利润 = 利润率 × 员工每小

---

时的费率 × 员工工时利用率（员工的繁忙程度）× 每位合伙人的员工数量。因此，雇用更多员工，是美第奇银行追逐更高利润的手段之一。

在这方面，美第奇银行沿用了它作为犯罪团伙时所采用的一种分级管理体系。意大利的黑帮家族都是由一个个庞大的网络构成的，在这个网络中，"帮派的正式成员"负责占据自己的地盘并管理自己的手下，收益从最底层的小喽啰开始，经由五个层级逐级向上传递，最终汇集到最顶层的家族核心。四大也采用了类似的六级管理体系，它们给每个层级起了不同的名称，由下至上分别是：顾问、高级顾问、经理、高级经理、总监和合伙人。虽然头衔不同，但是运作原理与意大利黑帮家族大同小异。

杠杆操作是指会计师事务所派遣经验不足的初级员工，去具体执行董事和合伙人签订的项目。许多客户抱怨，那些在项目推介会上热情洋溢的四大销售人员，通常在合同签订后就消失不见，并且在后期项目执行过程中再也没有出现过。可以说，无数初级员工的辛勤工作，是四大成功的基础，但是如果对缺乏经验的初级员工形成过度依赖，则会让四大陷入危险境地。例如，在 TBW- 殖民银行金融欺诈案中，据说普华永道仅安排了一名实习生负责检查高达数十亿美元的抵押资产，并且该实习生的上级也是一名初级员工，这名初级员工认为该实习生承担的工作内容"远超其薪资和职级"。

虽然初级员工有时会因为欠缺经验把项目搞砸，但有时他们也是发现财务舞弊的英雄。例如，在澳大利亚的中心地产公司（Centro）财务丑闻案中，由于中心地产公司在财务报表中隐瞒了高达 49 亿澳元的亏损，给股东造成了损失，股东们因此发起了一项集体诉讼，要求公司对其遭受的损失进行赔偿。普华永道当时是中心地产公司的审计师，斯蒂芬·库格负责该审计项目。在法庭上，库格将审计失误的原因归咎到初级员工身上（其中有些员工才刚从大学毕业）。然而实际上，恰恰是一名初级员工发现了中心地产公司的财务报表错误，但是据说库格并没有跟进这名员工的发现，对"中心地产公司的账目进行全面检查"。作为处罚，库格被澳大利亚证券和投资委员会（Australian Securities and Investments Commission，ASIC）禁止在随后两年半的时间内从事审计工作。并且，在此案高达 2 亿澳元的和解金中，普华永道支付了其中的约6 600 万。

杠杆作用推动了四大的发展壮大，就像当年促进了佛罗伦萨的商业繁荣一样。而品牌推广，是四大发展壮大的另一个原因。随着四大知名度的提升，客户蜂拥而至，进一步推动了四大业务的兴盛。规模决定了事务所的市场地位，并且在多元化方面给事务所带来了实际或潜在的利益。不仅如此，行业出台的一些监管规定，也进一步刺激了事务所对规模的追求。例如，20 世纪 70 年代，英格兰及威尔士特许会计师协会就规定事务所从单一客户取得的收入不得超过事务所总收入的 15%。鉴于这个规定和其他限制，大多数二线事务所纷纷并入当时的八大会计师事务所，即安达信会计师事务所（Arthur Andersen）、阿瑟杨麦卡连摩尔会计师事务所（Arthur Young McClelland Moores & Co.）、永道会计师事务所（Coopers & Lybrand）、德勤哈士钦斯和塞尔会计师事务所（Deloitte Haskins & Sells）、恩斯特和惠尼会计师事务所、皮特马威米歇尔会计师事务所

（Peat Marwick Mitchell）、普华会计师事务所（Price Waterhouse）
和图谢罗斯贝利和斯玛特会计师事务所（Touche Ross Bailey &
Smart）。

## 合伙人激励

　　四大的名称中包含十位合伙人的名字。其中，库珀、德勤和普
莱斯在 19 世纪过世。德勤和普莱斯还是英格兰及威尔士特许会计
师协会的前身——伦敦会计师协会的创始成员。1996 年，最后一位
合伙人莱因哈德·戈德勒（Reinhard Goerdeler，也就是 KPMG 中
的 G）去世。自此，四大的名称中，再也没有增加新的合伙人名字
或者名字缩写，合伙人所能够依赖的激励就只有薪酬、福利、权力
和威望。

　　四大由合伙人拥有，并由合伙人出资。事务所的运营资金，一
部分来自留存利润，其他主要来自合伙人的出资，出资金额通常是
年度收益的一定比例。新晋合伙人依赖借债出资，并通过相应的财
务安排降低其所担风险（包括设立家族信托、将资产转移给配偶或
亲属等）的情况，司空见惯。除了提供运营资金外，合伙人可能还
会被要求为事务所支付商业保险，以及在事务所有资金需求时，为
事务所的流动负债等融资提供个人担保。

　　合伙人的收入中包含一部分"浮动"薪酬，金额的大小取决于
每年合伙人所属事务所、所属业务部门以及合伙人个人的绩效表
现。在确定浮动薪酬时，虽然诸如服从性和品格等要素通常也会被
考虑在内，但商业表现才是最关键的考量指标。合伙人的薪酬安排

在各国不尽相同，例如在德勤澳大利亚分所，有传统合伙人，也有不拥有事务所股份的"授薪"合伙人（"授薪"合伙人不必像传统合伙人一样，承担为事务所提供运营资金、支付商业保险等义务），但是典型的合伙人模式是合伙人拥有事务所的股权，同时享有按照所持股权数量或者"合伙人点数"分享事务所利润的权利。

## 合伙人这个物种

在这种收入安排下，四大的合伙人扮演着多种多样的角色，包括工作流程负责人、警察、人生导师、治疗师、智囊团、意识形态维护者、业余哲学家、大师等。20 世纪 70 年代，会计师事务所规范了挑选和培养未来合伙人的流程。四大开设了各种各样的"合伙人晋级考察课程"（PAC）来考察和吸纳未来合伙人。白天这些候选的合伙人要经受各种考验，晚上则去酒吧或者按摩中心放松。合伙人的选择通常取决于一些奇特的个人综合特质，如身材、外貌、性格、个人魅力、进取性、坚毅程度以及走路的姿态等。在晋级考察课程中，四大会将候选人置入现实的商业场景，并聘请演员扮演顾客和同事，以对候选人的综合特质进行评判。并不是所有候选人都能通过这种筛选，通过考察的合伙人，都具备一些难以清楚描述的共同特征，比方说都有相似的外貌、晒黑的皮肤，都天庭饱满、鼻梁挺直、眼神敏锐、发型时髦等，混合了书卷气和善交际的特性。

会计师事务所的合伙人，有如下几个类型。首先是"嫡系"型（lifer），他们大学一毕业就加入事务所并被逐级提升至合伙人。他们是企业文化（或至少是部分怀旧文化）不可分割的一部分，也是企业文化诚挚而热情的守护者。在"嫡系"型中，有一部分合伙人属于"技术"型（technicians）合伙人，他们对于准则和惯例拥有百科全书般的认识和了解。马克·史蒂文斯是一名调查记者，曾经出版了一系列关于会计行业真实状况的书。他说"技术"型合伙人看上去就像是"从青春期开始就被关在了图书馆里"。看到他们，"会计师那种总是埋首一摞摞账本的形象，就像沉迷于数字的卡斯帕·米尔特斯⊖一样，就会栩栩如生地出现在眼前"。

有一种新合伙人类型是"超级合伙人"（Super Partner），他们因为将一片业务的不毛之地（例如国防部、医院或者养老机构等领域的咨询业务）变成收费的金矿，而升至了神一般的地位。能够在五年左右的时间里，将自己的业务规模提升至 5 000 万乃至 1 亿美元的合伙人，可以自行决定很多事情，也可以摆脱各种内部规则的束缚，比如他们可以雇用自己的孩子，更改或者重新制定关于档案管理、培训和采购的内部规定。不仅如此，他们还有资格提出各种耍大牌的要求，像是要求在其度假屋内安装信号更好的电话装置，或者尽情地打高尔夫等。在事务所内部，"超级合伙人"是无敌的存在。

接着是"空降"型（parachuted）合伙人，或者称作"横向引进"型合伙人，他们是从国防部、业界或者政府部门被挖来的资深人士，由于他们直接以合伙人的身份加入事务所，无须从基层开始逐级升职，因而被称为"空降"。在四大的文化里，"横向引进"这个词带有一定的贬义，正如一位四大的前总监所言：

---

⊖ 卡斯帕·米尔特斯是漫画家 H. T. 韦伯斯特为他的连载漫画《胆小鬼》（The Timid Soul）创作的一个虚构人物，这个人物讲话轻声细语，性格温顺懦弱。——译者注

这意味着你直接跳过了那些觊觎这个职位的内部候选人，也意味着你没有付出过从毕业生或者初级员工做起所需要付出的一切努力，还意味着你没有对事务所的企业文化做出过任何贡献，你是一个不受欢迎的竞争者，是来与大家争食、在其他人通往合伙人的道路上的一块绊脚石。"空降"型合伙人让人避之唯恐不及。

其他合伙人类型还包括：永远无法完成一项工作的"完美主义"型（perfectionists），他们总是不停地精益求精；"吸血鬼"型（vampires），他们一旦到了客户公司，就不会轻易离开；"跳跳人"型（jumpers），他们会在四大间跳来跳去，并且通常在奖金发放后就辞职；以及"喜剧人"型（comedians），此类型中的一位合伙人曾经发生过如下一则轶事：

我们团队的合伙人总是喜欢玩一些挑战底线的恶作剧。在我们参与的一次招标中，客户（一所大学）详细询问了我们在保护自然环境方面做过哪些贡献。在我们那份严肃且专业的答标文件中，合伙人公然写到，我们曾经参与一项"HMATS"技术的温室能源测试。如果客户的评标人员在谷歌上搜索下什么是"HMATS"，他们就会发现一个描述人体甲烷汽车动力系统（Human Methane Automotive Transport System）的网页，网页上有一张假想的汽车动力示意图，演示如何通过从司机座椅上引出的一根管子，让司机放的屁为汽车提供行驶动力。

最后，还有"章鱼"型（octopus）合伙人，他们总是喜欢毛手毛脚。

## 不准赌博

1456 年，安吉洛·塔尼作为美第奇银行布鲁日分行的负责人，不得不签署了一份对其行为进行严格约束的合伙人协议。协议规定他只有在去安特卫普和贝亨奥普佐姆的展销会，或者去伦敦、加来和米德尔堡出差的情况下，才能离开布鲁日；他不能招待女人和男孩；在生活起居和经营活动等其他方面，他也被施以了严格限制。英格兰及威尔士特许会计师协会早期的附属机构注册会计师餐饮俱乐部也对成员设置了类似的严格规定：女性宾客禁止入内，赌博更是被严格禁止。俱乐部规定，"任何情况下，都不允许赌博"，并且坚持"玩惠斯特牌的下注金额不得超过一先令"。

如今，关于合伙人行为不端的传闻比比皆是，比如：内幕交易；因为酗酒而被迫提前退休（或者早逝）；包养情妇、召妓，并且让客户买单；在工作电脑上下载色情电影；更恶劣的是，用工作电脑上传色情电影等。一些传闻最初只是小道消息，最后却演变成公开的丑闻或者诉讼案件。我们也很难判断这些传闻哪些是真的，但是可以肯定的是，其中的一些传闻只是捕风捉影，是封闭、竞争性文化中的社交调味剂。这些传闻帮助我们了解四大内部人员的生活，他们的生活态度与受人景仰和信守承诺的表象，背道而驰。

## 职场歧视

在成立最初的一个世纪里，事务所无论在工作氛围、装饰还是人员结构上，都类似于一个男士俱乐部。1940 年，全美 16 000 名注册会计师（CPA）中，仅有 175 名女性。大专院校也不鼓励女性选择会计学专业。即便真的有女性从会计学毕业，她也很难在大型会计师事务所中找到工作。直到 1965 年，安达信才开始聘用女性员工。当女性员工终于得以进入这个行业后，她们也只能从事秘书、速记员、电脑操作员和明细账会计等级别较低的岗位或者行政岗位的工作，并且在结婚后，就必须从事务所离职。

在过去的各种行业期刊和行业聚会中，男性会计师总是严肃地谈论女性问题及女性会计师所能达成的成就。他们的观点神奇地与当今社会对会计服务自动化和商品化的观点不谋而合。当时在他们的眼中，女性会计师的作用就跟现在他们认为的机器人的作用一模一样。《会计期刊》（*Journal of Accountancy*）1942 年发表的一篇评论就是一个很好的例证，评论说："为了减轻男性会计师的审计工作量，女性会计师最好承担报告复核、统计分析、办公室行政管理等工作职责。女性因为具有耐心、坚韧、注重细节以及追求精确的特质，再加上接受了良好的会计专业知识培训，所以是这类工作的最佳人选。"

女性会计师攀登职业高峰的道路，异常艰辛和漫长。1888 年，英格兰及威尔士特许会计师协会拒绝了玛丽·哈瑞斯·史密斯的注册会计师会员资格申请，只因为她是女性。直到 1919 年《取消性别限制法》颁布，歧视女性成为违法行为后，史密斯的再次申请才获通过，她也因此成为历史上第一位女性注册会计师，奠定了女性会计师职业成就的首座里程碑。1945 年，英格兰及威尔士特许会计师协会中已有不少女性会计师，她们组建了类似男性会计师餐饮俱乐部的女性注册会计师餐饮协会。1983 年，来自曼彻斯特的瑞娜·迪安成为普华事务所的首位女性合伙人。1999 年，在史密斯被英格兰及威尔士特许会计师协会拒之门外的大约 111 年后，诺克斯男爵夫人成了协会历史上的首位女性主席。

在女性职业地位提升的道路上，性别歧视事件仍然时有发生。例如，1990 年，普华事务所的一名女性员工安·霍普金斯因为性别原因被事务所拒绝提升为合伙人后，从普华事务所辞职，并向法院起诉普华事务所性别歧视。她说自己不仅在职位升迁方面因为性别被歧视，在走路方式、讲话和着装打扮方面，都承受着被要求更"女性化"的压力。最终，联邦法院判令普华事务所授予她合伙人资格，并向她偿付约 40 万美元的欠薪。

长期以来，男性化色彩始终都是四大文化的一部分，就像一位员工所描述的那样：

> 我们团队的那位合伙人总是把心思放在男女那些事上。跟男性客户打交道时，他会开玩笑说对方看起来像色情片明星，接着就开始跟客户显摆自己的各种风流韵事，包括在健身房、酒吧、超市的各种艳遇细节。这就是他成天挂在嘴边的话题。当事务所开始招聘曾在政府和蓝筹公司等作风严谨的环境中工作过的女性高级职员时，这两种文化发生碰撞和冲突在所难免。

1981 年，马克·史蒂文斯引用一位退休审计员的话说：

> 在我们那个时代，午餐时间是段轻松惬意的时光，有美味的午餐，有兴趣相投的男性同事可以一起愉快地聊天。如今，

假如你想讲个笑话，都必须先环顾四周，因为你旁边的同事中也许有黑人、西班牙人、犹太人，或者女人，你需要顾及他们的感受，你知道他们都有多敏感。

在史蒂文斯捕捉了这生动的一幕后，事务所的工作环境逐渐发生了改变。四大在促进文化多元、反对歧视等方面，都采取了积极的行动。凭借在"文化包容性承诺"以及"致力于为少数性向员工创造一个自由的工作环境"方面所做出的努力，安永澳大利亚分所在 2016 年澳大利亚职场平等指数奖的评选中位列第三。德勤澳大利亚分所则设立了 GLOBE 计划，即少数性向领导人论坛和社群，德勤对其 GLOBE 计划的描述是：

GLOBE 的愿景是创造一个包容的工作环境，让少数性向员工（LGBTI）可以自由工作，并且成就其职业理想。德勤在全公司范围内努力打造一个珍视、包容每一名员工的工作环境，GLOBE 计划是实现德勤整体目标不可分割的一部分。GLOBE 工作组每月定期聚会，组织协调德勤全球范围内的少数性向员工的活动、培训和讲座。

德勤在 2000 年还在全公司范围内设立了"鼓励女性"（Inspiring Women）计划，通过打造包容性文化，重视和帮助女性进步，以及清除影响女性进步的组织和社会障碍，旨在"提高女性人才比例"。

这些都是积极且值得赞扬的举措。然而，在四大的某些分支机构里，过去单一的文化痕迹和守旧态度依然存在：

我们团队曾邀请高盛的劳拉·李斯伍德在员工会议上发表

演说。作为职场多元文化的提倡者，李斯伍德在演讲中提醒我们如何避免对少数群体进行语言伤害。会后，我又参加了另一个研讨会，会上我亲眼看见了我们那位负责人力资源的盎格鲁－撒克逊白种人经理，对一名年轻的印度女士开着令人难以容忍的玩笑，并嘲笑这名印度女士的姓氏难以发音。

2013 年，当年轻的得克萨斯州审计员格洛里以极具戏剧化的方式从普华永道辞职后，她那封满是标签的辞职信被迅速传播，她也因为"多元化员工"的身份而在网络上备受攻击。在最近发生的一个广为人知的事件中，普华永道伦敦办公室的一名前台因为没有穿高跟鞋，而被辞退。2014 年，普华永道员工艾瑞克·皮耶兹卡因为家庭原因提出的兼职工作请求，被普华永道拒绝，他认为这还影响了他的升职机会。于是，他起诉普华永道性别歧视，并最终胜诉。在另外一些性骚扰事件中，臭名昭著的章鱼型员工通常没有被谴责，反而青云直上，而受害者往往因为获得被派往纽约或者摩纳哥，又或者是巴巴多斯的工作美差作为补偿，从而放弃追究。长期以来，性骚扰和其他违背四大价值观的诉讼案件源源不断，职场平权依旧长路漫漫。

## 不成文的规定

早在 1945 年，普华事务所的高级员工们就注意到事务所内出现了"自我封闭"的现象。普华事务所新晋合伙人 W. E. 帕克写到，他认为事务所变得"过于关注内部事务"。他的同僚们认为办公室生活就是"生存的全部意义"，他们所关注和感兴趣的都是谁升职了、谁正在职业发展的快车道上、同僚中谁挣多少钱、事务所又有什么其他福利等。虽然事务所内部整体的文化氛围是友爱的，但同事之间也存在嫉妒、嫌隙和怨恨。还有一个现象是员工身上有越来越浓厚的"大公司优越感"，这种优越感甚至在客户面前也会毫不掩饰地流露出来。

帕克的描述揭示了四大存在的一个矛盾之处。四大内部的文化十分狭隘且具有很强的封闭性，但四大对招募新员工又有强烈的渴求，并且希望通过招聘来自不同领域的员工，对外展示其开放性。这两种看似矛盾的特性通过四大的入职培训（有些人也称之为洗脑）被调和在一起，即通过入职培训同化新员工。

早些年，四大的合伙人们都有着有趣且不羁的灵魂，还记得普莱斯和弗拉克是什么样吗？但是到了20世纪中期，合伙人们却走到了另一个极端。随着会计师事务所的行业地位逐渐稳固，大型事务所在行业中占据了主导地位，合伙人行为的一致性或者说从众成为当时的主流文化，即使是一点点的出格也会招致攻击。会计学权威专家威廉·斯特瑞就曾因为在报告中对名词使用了大写而受到指责。更糟糕的是，他竟然离了婚！马克·史蒂文斯如此评价这种浓厚的从众文化："（大型事务所内部）存在着不成文的规定，要求每个人的言行都必须和他人保持一致。合伙人制度也给那些行为出格的人带来了压力，他们要么会被排挤出合伙人队伍，要么会被削减应享受的利益。"

一位四大的总监分享了一个最近发生的例子：

我们有位合伙人是苏格兰人，他时不时会穿一套厚厚的橙色粗花呢西服搭配一条看上去就像他自己手织的同款领带，出现在办公室或者客户那里。每当他以这个形象出现时，都会在事务所和合伙人间引发对他的嫌弃。

然而，四大内部心照不宣的不成文规定远远不止对着装的要求，其他规定还包括：捍卫自己的地盘不要太强硬；跟其他部门合作不要太积极；不要让人感觉你过于雄心勃勃，也不要让人认为你缺乏雄心壮志；不要抱怨工作时间表和绩效指标；不要抱怨你的团队被安排到开放式办公座位上办公；不要啃指甲；不要带自制午餐；处理事情要灵活，要随时有空；要开一辆好车。

我们聘用了一位名叫阿列克斯的合伙人，他来自希腊，个性浮夸张扬。他在大型银行有良好的人脉关系，能从银行拉来不少业务。其他合伙人认为他独特的做事方式是他职业成功的部分原因，但这仅仅是"阿列克斯行为包"的一部分。他的一些其他行为难以被事务所接受，比如他坚持开一辆老旧的日产汽车——天际线（Skyline）。一位高级合伙人私下跟他沟通说，事务所可以接受他所有的浮夸行为和夸夸其谈，但绝对接受不了他开那么破旧的车。几个月之后，一辆保时捷取代了他那辆破车。

马克·史蒂文斯转述了一位百事可乐高管向他讲述的关于自己那担任大型会计师事务所合伙人邻居的故事。盛夏的时候，他的这位合伙人邻居穿着百慕大短裤，光着上身，拎着一罐狮牌啤酒，开着他的割草机在前院锄草。第二天上班时，这位合伙人邻居就在办公室被严厉训斥。原因是该事务所的一位执行事务合伙人当时刚好就在附近，恰好看到他穿成这样在前院修剪草坪，这让执行事务合伙人大为光火。除草人邻居被警告以后在公众场合不准再出现"这种粗俗失礼的举动"，他还被告诫不要在户外喝酒，也不能打赤膊，最少也要穿一件高尔夫球衫。如果被客户看到他这粗俗的形象怎么办？

史蒂文斯认为，这种从众文化并不仅仅是"为了从众而从众"，而是一种刻意的策略，旨在随时满足客户对会计师职业形象的期望。学者安德利亚·惠特尔（Andrea Whittle）使用"常人方法学"<sup>⊖</sup>（ethnomethodological approach）研究四大，她的研究印证了史蒂文斯的猜测。她观察那些面无表情、沉默寡言的员工是如何"躲在平淡乏味的伪装下"工作的。她总结说，作为审计人员，"你的行为必须像个审计员一样让人信服，并且摆出一副不为所动的面孔"。你的行为必须符合这个形象，而且你也必须相信。倘若你对自己有一丝犹疑，你的客户就能迅速感受到，就像狼群能立刻嗅到恐惧一样。

在史蒂文斯眼中，会计师的形象是：拿着棕色公文包，穿着布洛克鞋（翼尖鞋）、白衬衣、细条纹或者没有条纹的纯色三件套西装。在讲述服装历史的《绅士的衣橱》（*A Gentleman's Wardrobe*）中，保罗·吉尔斯（Paul Keers）言之凿凿地称，细条纹的灵感来源于会计账簿中的线条，这听上去好像也不无道理。大部分四大合伙人的着装并不招摇，他们看上去就像薪资微薄的银行主管或者保险估价员。刮胡子是一项必须的要求，虽然偶尔这个规定也会被打

---

⊖ 常人方法学，强调从普通人的视角出发解释行动。——译者注

破。在恩斯特·库珀职业生涯的早期，他在一次希腊旅行结束后，就开始留胡子。如今，尽管蓄须又成为时尚，但在四大内部，仍然不受欢迎。最近，有事务所的员工就被明确告知，蓄须是晋升合伙人的障碍。对于经济学家和工程师来说，蓄须无伤大雅，但会计师不行。

如今，"休闲星期五"是四大内部的时尚战场，凸显了自由和管束之间的文化对立。合伙人赞许周五穿休闲装的规定，认为这体现了四大的文化自由，但同时，他们又顽固地在电邮中警告或口头批评员工穿露脐装、人字拖和文身。毕竟，四大里制定规矩的人，就是史蒂文斯故事中对修剪草坪的合伙人进行严厉批评的那拨人。马修·克劳福德（Matthew Crawford）对现代职场文化和工作方式有深刻的见解，他认为四大"是向员工灌输如何做一个好人的道德学校"。休闲日是守旧的家长制文化和新管理主义⊖之间冲突的主战场。

---

⊖ 新管理主义强调利用商业管理的理论、方法、技术及模式追求更有效率的管理。新管理主义的特点是强调追求经济、效率和效益的"3E"（Economy，Efficiency and Effectiveness）。——译者注

# 第 8 章

# 普通人
## 四大的职业价值

### 职业价值观

毛姆在 1915 年出版的著作《人性的枷锁》中，描述了一个 19 世纪会计师事务所的内部景象："这里又黑又脏，没有灯，唯一的光线来自一扇天窗。房间内摆放着三排办公桌，一旁放着高脚凳。壁炉架上放着一个老旧肮脏的拳击比赛雕像。"办公室的装潢档次能反映一个人的地位高低，例如普华事务所给合伙人的办公室里配备了豪华壁炉、红木办公桌和土耳其地毯，普通员工没有这样的待遇。

在现代人的眼中，19 世纪会计师事务所的日常生活看上去古拙守旧。每天早上，门卫负责给大家削好铅笔，换好笔尖，准备好大头针和回形针。下午茶时，勤杂工会端来面包和饼干。出外勤的审计员必须戴高顶礼帽，穿燕尾服或者长礼服。待在办公室的员工则可以戴圆顶帽，穿短外套。在库珀兄弟事务所成立的初期，合伙人和普通员工之间有着明显的区别。下班后，普通员工可以去当地的酒吧享受"聚会"，这个聚会的高潮便是尽情歌唱嘲弄合伙人怪癖或者缺点的曲子。

在那个年代，会计行业的执业标准往往建立在"人情"的基础上，个人关系会影响执业人员的判断和决策。会计行业依靠建立共同的价值观，来规范从业者的行为，包括谨慎、尊重、诚实、正直、团结、任人唯贤、礼貌、谦逊、独立、客观、克己以及马克·史蒂文斯在《六大事务所》(*The Big Six*)一书中所说的"对商业行为不屑"。职业道德培养通过实务经验和共同的教义传统进行，是一个缓慢的过程。他们恪守如下原则：会计师受客户委托提供专业服务，而不是卖身给客户成为其附属。

指导会计师的执业标准和员工雇佣条件的职业价值观，是事务所骄傲的源泉。在《会计视野》(*Accounting Horizons*)杂志中，史蒂芬·泽夫解释了这一切的运作机制。直到 20 世纪 60 年代，合伙人的任期还是终身制，"除非他们出现表现不佳等罕见的情况"，合伙人可以一直任职到退休。"如果一个合伙人赢得新客户，他会受到表扬，但是部分奖金也会分给负责为审计质量把关的其他合伙人"。假如某位合伙人对客户的会计核算提出质疑，他完全可以信任事务所会"动用一切资源"来支持他。在一名会计师被升为合伙人后，他通常不会再跳槽到竞争对手或者另一个行业去任职。合伙人职位，被视为"他们职业生涯的顶峰"。

## 榜样

当然，在四大的发展历程中，这些价值观中的大部分与广告禁令一样，不可避免地被扔进了废纸桶。就像它们的管理咨询方法是借鉴世界各地的理论和方法一样，大型会计师事务所的企业文化也吸收了不同领域的多种文化要素，这些领域除了法律和宗教外，还包括大学、智库、快餐店和呼叫中心等，也包括铁锈地带<sup>⊖</sup>、纽约麦迪逊大街、伦敦城、英国海军部、华尔街、白厅<sup>⊜</sup>和白宫<sup>⊜</sup>。在 20 世纪最后的几十年里，商业野心、重商主义和折中主义等新的价值观彻底渗透入会计行业，就像硅谷公司流行的信任背摔游戏、特色墙和休息室文化已经完全被四大仿效一样。

在意识到会计行业所代表的公众利益与事务所作为企业面临的商业驱动之间、会计行业的低调特性与事务所行事的高调作风之间存在冲突后，哈佛商学院教授大卫·梅斯特在 20 世纪 90 年代和 21 世纪初，持续呼吁会计师事务所能够回归本源、重拾初心。梅斯特批评了四大的合并风潮，他希望四大能重返昔日注重个性化和紧密人际关系的时光。他认为理想的事务所应由"高效运作的小团队组成"。作为乔凡尼临终建议"不要……骄矜自满""不要总是指手画脚地给人建议，而是要理智、温和地与人讨论、沟通"的呼应，他提出自己心目中理想的会计师形象，是由演员彼得·福克所饰演的著名电视剧角色——神探可伦坡。

可伦坡探案靠的是自己的经验、直觉和敏锐的推理能力。他不修边幅，总是穿一件皱皱巴巴的外套，抽廉价的香烟，开一辆破旧

---

⊖ 美国东北部的五大湖附近，传统工业衰退的地区，现泛指工业衰退的地区。——译者注
⊜ 指英国政府。——译者注
⊜ 指美国政府。——译者注

的"标致"老爷车——甚至比阿列克斯的天际线还要破。即使完美地揭穿了一桩案件的犯罪真相（他总能侦破所有犯罪案件），他依然保持着低调、礼貌和谦逊。梅斯特认为，可伦坡身上有太多值得会计师和咨询人员学习的地方。

梅斯特以神探可伦坡作为理想职业形象进行的类比，不仅批评了资深会计师的自我和傲慢，还对四大会计师事务所工作流程的标准化和商业化进行了抨击。可伦坡会"依据每宗案件的具体情况，采用不同的"侦破手段，并非一成不变。福克所扮演的这位侦探依靠他的"直觉和本能"，而不是教科书中的侦探方法，让罪犯们放松警惕，并成功侦破案件。

以可伦坡做类比虽然有趣，但是存在根本性问题。首先，它把客户类比为凶手。（事实上，会计师和客户的关系通常被比喻得很浪漫，常用"调情""求爱""完婚"等词来形容。）更重要的是，这个类比与当代合伙人制度的实际情况不符。因而，会计界集体忽略了梅斯特的诉求和可伦坡这个榜样。

## 无所顾忌

在对传统价值观的挑战中，重商主义占据了上风。从大量存在争议的审计和咨询项目，以及那些几乎给四大带来灭顶之灾的丑闻中，我们可以看到会计师的诚信和独立性原则，一再受到考验。然而，当会计师事务所开始大举扩张时，"克己"被证明成了事务所最难守住的职业价值观。

1969 年《商业周刊》刊登的一篇标题为《更无所顾忌的会计师》的文章，宣告了"克己"这项职业价值观的终结："一些会计师事务所，"纽约某家大型会计师事务所一位不愿透露姓名的高级合伙人说，"宣称它们不承接那些涉及企业管理决策的咨询业务。但是，千万别听它们忽悠。事务所什么业务都接。"

在惠普公司 1978 年的年度审计开始前，共有 10 家会计师事务所向惠普公司毛遂自荐，希望承接此项审计业务。1980 年 10 月，在美国注册会计师协会（American Institute of Certified Public Accountants，AICPA）的年度会议上，即将卸任的协会主席威廉·格雷戈里指出：

> 会计师行业的快速发展和竞争压力的加剧，让一些注册会计师过度商业化了，并且抛弃了真正的专业人士所应具备的职业原则。可悲的是，我们似乎变成了熟练的技术工人和商人，并且为了追求业务的高增长，将礼貌谦逊、相互尊重、克己和公平这些职业原则放在了次要地位。

会计界的行业风气也发生了永久性的改变。1984 年，图谢罗斯事务所的高级合伙人说，大型会计师事务所不会因为固守原则而失去客户。次年，据说德勤董事长 J. 迈克尔·库克表示："五年前，如果有竞争对手的客户向我抱怨该事务所的服务有多糟，我会立刻通知该事务所的负责人……如今，我会想着如何抢走这个客户。"

按照史蒂芬·泽夫的说法，到了 2003 年，会计界也出现了"恶性竞争、低价竞争、廉价推广、公开挖走竞争对手客户"等企业竞争的全部特质。对商业利益的追求诚然会让会计师事务所规模更大、盈利更加丰厚，但是，它也使得会计师事务所的员工在面对客户的不合理要求时更容易屈服和妥协。比起坚持原则，会计师们更重视如何满足客户的要求。泽夫就描述了在 20 世纪 80 年代，合伙人们如何与技术人员一起商量，寻找办法以突破审计原则的场景：

> ……要么调整审计方法、重新设计审计程序，要么努力为客户的操作找出合理的理由，总之，想尽一切办法让事务所审核通过客户采用的会计处理方法。这种由于审计关注重点变化带来的"通融""协商"心态，让很多审计业务合伙人即使在与客户的日常例行沟通中，也更倾向于妥协，而不是坚持原则。

如今，为了"配合"客户而做的上述努力在四大已司空见惯。随着四大越来越商业化，高级合伙人们注意到传统的发展战略日益成为事务所商业化发展过程中的障碍，一些合伙人更是渴望彻底摆脱所有的职业行为限制。1985 年，图谢罗斯事务所的拉尔夫·华特斯记录了这种困境：

> 大型事务所就像在一台迟早会停下来的跑步机上奔跑，每位经理人都希望在自己的任期内跑步机不仅不停下，反而运转得更快，这就让许多"建立在信息化基础上"的多元化业务领域成为事务所追求快速发展的必然选择。而这种多元化带来的后果，是打破了职业心态的平衡——让事务所逐渐远离审计心态，转向咨询顾问的心态。业务多元化也让事务所越来越多地参与到与几乎不受任何限制的其他行业或企业的竞争中，而此时我们传统的职业行为准则，就成了竞争中的绊脚石。

## 你是我的审计师吗

史尼斯、怀恩、惠尼和华特豪斯们永远不会料到，他们所信奉的职业价值会被视为"竞争中的绊脚石"。华特斯困境的核心，是审计业务和咨询业务的利益冲突，这个冲突导致了会计行业的文化变迁。咨询业务的增长，改变了审计员和其他专业人员的角色和关注重心。如今他们不仅要检查客户的账本，还要伺机向客户推销自家的咨询服务。

1984 年，心理学专家保罗·布卢姆向专业服务机构建议，如何将它们的"项目执行人员"变为"推销员"。布卢姆认为，在专业服务机构内，传统的销售职能绝大部分落在少数既有推销兴趣也有推销天分的资深管理人员身上，他们是业务的"发现者"，而项目管理和技术工作则由其他人负责（被称为"管理者"和"操作者"）。但是逐渐地，这些机构发现业务推销需要有更广泛的人员参与，因为客户和病人通常都更容易相信那些直接为其提供服务的人士所说的话。

马克·史蒂文斯则说得更加直白，他指出所有大型会计师事务所都聘请了专业的销售人员，却吝于提及这些人员的存在。为什么？"因为事务所认为，聘请专业销售人员并让他们笑着去向客户兜售业务，显得实在不够专业。"

如今，对四大的全体员工而言（不仅仅是"销售人员"），销售业绩成为衡量员工成功与否的主要指标。一些事务所采用了麦肯锡的"8-4-2"方法，这种方法要求各级员工都要为事务所的销售目标和"商业拓展"目标负责，即人人身上背指标。具体来说，事务所期望每名员工至少同时在做两个项目，至少有四个项目在深度跟进中，并且至少在看八个项目的机会。这些对员工的要求，与早期普华事务所的情况形成了鲜明的对比，当时的合伙人通常一次只参与一个重大项目。

外部观察人士注意到，会计师事务所的商业化已经取代了专业精神，它们的关注重心也不再是公众利益。客户也察觉到了这一变化。2002 年，伊安迪·杜甘在《华尔街日报》上发表了一篇关于安永水牛城分所的"嫡系"型合伙人安东尼·瑞德的文章。身为一名年薪 30 万美元的四大合伙人，瑞德发现自己陷入了强调销售和"商业成果"的职业困境中。安永给他分配了 300 万美元的销售任务，并且安排他和其他合伙人一起参加销售培训，学习如何向客户推销法律、架构、技术以及保险、财务规划和并购方面的咨询顾问服务——按照瑞德的说法："推销太阳下一切可以推销的东西。"

当瑞德向客户推销安永的咨询顾问服务时，一位客户困惑地问道："你究竟是我的审计师还是推销员？"跟许多其他资深合伙人一样，瑞德为事务所新的业务重心，或者说重心迷失而苦恼。然而，瑞德最终还是没有完成销售任务，于是他先是被降薪 10%，接着被解雇。对于伴随着"8-4-2"长大的一代咨询顾问来说，四大的起源（以及传统的职业价值观）就像过时的高顶礼帽、墨水瓶、双排扣礼服大衣一样遥远而陌生。

## 大型投资银行

随着传统价值观的崩塌，大型会计师事务所开始把目光投向其他产业，寻找可以借鉴的商业价值观。这些产业中最突出的，莫过于大型投资银行业，这是一个与贵格会理念、神探可伦坡，以及乔凡尼·德·美第奇的朴素期望截然不同的极度商业化的世界。

投资银行的发展史，与四大有不少相似之处。虽然位于不同的领域，但它们的起源都可以追溯到中世纪晚期和文艺复兴时期的社会创新和合伙人制度，并且在 19 世纪它们是规模相仿的专业机构。以摩根士丹利和美林银行这两家投资银行为例，它们与四大都源自相似的前身，并且在从绅士品格向野蛮生长的商业化转型过程中，面临了相似的挑战。在商业化转型的道路上，投资银行同四大一样，卷入了一系列类似或相同的丑闻和灾难中。尽管如此，它们的发展轨迹，却是大相径庭。

如果说会计师事务所的合伙人"薪资颇丰……但谈不上富有"，那么成功的投资银行家则真正薪资不菲，并且非常富有。20 世纪的80 年代和 90 年代，四大的合伙人经常与投资银行家打交道：他们在同一个项目上互相合作（尽管四大的收费比投资银行少得多），去同一间俱乐部或者酒吧喝酒。银行家报酬丰厚（往往过于丰厚），因为他们参与的是一个有高额赌注的游戏，承担了巨大的职业风险。在过去的四十多年里，四大也在不断增加自己的赌注：租赁更大面积的办公室，承接更大规模的项目，雇用更多的员工，承担更大的风险。四大员工羡慕银行家优渥的薪酬、奖金和生活方式，也不足为奇。

四大从投资银行业借鉴的不仅仅是"生前遗嘱"这个应对紧急状况的手段。一些合伙人和员工还借用了投资银行业的职位称呼，如称高级经理为"副总监"，称高级合伙人为"副总裁"。四大内部的一些业务板块也几乎全盘复制了投资银行业，在这方面，四大的企业金融业务板块就是个明显的例子，它们的员工跟投资银行员工一样打领带，戴袖扣，并且一样自负。四大的员工如果跳槽到投资银行，会被认为是个人的提升，而如果投资银行的员工跳槽到四大，则可能会被开玩笑说这个跳槽同时提升了两个行业的平均智商水平。

在仿效投行的工作风气和工作方法的过程中，一些会计师也吸收了投行文化中的糟粕。然而，四大无法全盘复制投行的文化，因为四大所管理的风险规模比投行小得多，四大也缺少投资银行家所拥有的资金实力和商业许可。所以，四大的企业文化必然无法同投资银行比。

## 专家

近代史上的第一批会计师是在佛罗伦萨的算术学校、英国的文法学校和贵格会学校，或者荷兰鹿特丹、代尔夫特和贝亨奥普佐姆的商业学校接受的会计培训。在 20 世纪 50 年代以前，四大员工中很少有大学毕业生。即便是在今天，名校的一流生源依然不愿选择会计专业，也不愿加入会计师事务所。

19 世纪，会计师事务所的用人模式与律师事务所等其他机构类似。员工不需要有大学文凭，但必须要经过见习职员这一关，才能获得内部升迁的资格。普华事务所早期的绝大多数合伙人，像福勒、哈尔西（Halsey）、史尼斯和怀恩都是在事务所内部接受的培训并逐级晋升。除了埃德温·华特豪斯以外，其他人都没有大学文凭。埃德温·华特豪斯在一所中产阶级大学读过书，并获得了埃德加·琼斯所谓的"不错的二流大学学士学位"。

普华事务所的这种"内生式"人才自我培养和提拔机制一直延续了下来，并在 1995 年，被伊恩·布兰朵称为普华文化的鲜明特征之一。布兰朵认为，普华文化的另一个鲜明特征是缺少大规模的事务所合并经历："与大多数竞争对手不同，我们的成长主要依靠内部自我增长，而不是外部合并。"但是在短短的三年时间中，这两个特征就已从普华的文化中消失了。

即便是在 1995 年，普华事务所的用人机制也在发生着改变。普华英国分所的税务部门中，有将近一半的合伙人和经理人都是从其他机构跳槽来的。社会招聘逐渐成为普华管理咨询领域的一个重要招聘方式，而在审计领域，社会招聘更加重要。其他事务所也纷纷开始仿效普华的用人机制。"到 20 世纪 90 年代，"史蒂芬·泽夫写道，"已经有不少非注册会计师，出现在六大事务所的高层管理团队中。"

大部分社会招聘的员工都来自其他事务所或者相近的专业，例如经济学或者金融学，但是也有一些员工来自不相关的领域。例如安达信美国分所负责人史蒂夫·萨梅克就曾经招聘了一位小提琴家，目的是让审计员们更自信地认为自己是"专家"。2016 年 12 月，鲁塞尔·豪克罗夫特出任普华永道澳大利亚分所一个新设的高级职位——"首席创意官"。豪克罗夫特是广告和电视媒体运营方面的专家，他这个新职位的工作内容包括为高级营销主管提供品牌推广战略方面的咨询建议。其他事务所也任命了不少背景各异的非会计人士担任高级职位。德勤澳大利亚分所的创新部门就招聘了具有 IT、学术和马戏团背景的人员。但是在过去，对会计行业而言，具有创造力并不是什么好事。

如今，事务所的对外企业宣传，非常强调对创造力的渴望，尤其是在对毕业生的校园招聘宣传材料中。例如，普华永道 2017 年的招聘人员就宣扬，加入普华永道就有机会在"一个专业、严谨性与创造力兼容并蓄、快速发展的环境中"，体验"灵活性、创造性、新市场以及创新解决方案"。

然而，四大招聘的绝大多数新员工，仍然或多或少地沿袭着传统的职业路径：取得会计和商业的职业资格后，再学习注册会计师课程和申请资质认证。从根本上说，事务所并不欢迎员工专业的多样性，这让它们陷入了一个两难境地。任命非会计人员做事务所的领头人、带领事务所进入非会计领域的未来，意味着活力和创新，却也有可能使事务所脱离原有的核心业务。在事务所对外开拓的过程中，它们面临着失去原有根基的风险。

## 鸽子

对于四大的低职级员工而言，实际的日常工作与上述关于创造性工作的描述之间存在巨大的差异。他们的日常工作包括：检查账目，测试内部控制流程，收集数据，清点规章制度，记录访谈内容，每天花费大量的时间制作枯燥乏味的 PPT、Word 和 Excel 文件。只有少数耐得住寂寞的人才能长期忍受这样的生活。一位四大的经理这样描述她自己的经历：

我陷入了呆伯特式<sup>⊖</sup>，的噩梦中。例如，我需要填一张关于个人发展计划的表格，表格中"人生目标"一栏最多只允许写20个字。我的人生目标太多，而表中的空格太少，写不下我的人生目标，这让我觉得是我自己的错。

另外一位员工这样写道：

> 四大内部官僚主义盛行，其官僚程度与银行或政府部门相比甚至有过之而无不及。在我工作的事务所中，工时记录、资源管理、风险管理、完成度报告、产能报告、产能规划、业务收费费率、业务定价、授权、采购、分包、合同审阅、合同谈判、文件制作、建立档案、档案审阅、报告审批、绩效评估、入职、离职、人才选拔、人才培养、职业发展、社区投入、客户反馈、质量控制、质量保证、团队规划、商业规划、战略规划等，全都有对应的制度流程和目标。我们有四种类型的垃圾桶，确定分包商有五个独立的审批流程。就像我所说的，一切都非常官僚。

在她那封如病毒邮件般被疯狂转发的辞职信中，"多元雇用"身份的格洛里批评她的同事们加班到深夜只是为了引起合伙人的注意。她说合伙人不应被视为高高在上，"他们也是像你我一样的普通人，只不过他们的资源略多、荷包略鼓而已"。她说她的工作就是"编制大量不会给任何人带来好处的没用的工作底稿"。她认为审计工作"是那些没有选择余地的人从事的工作"。她给内部培训与合伙人会议贴满了标签，包括"逼人太甚""太尴尬了""同假审

---

⊖　呆伯特是漫画中职场小人物的代表。——译者注

计员说假话""那对我来说实在过于亲昵""我不想在双人桌上与你对望"等。

作家兼领导力研究学者杰拉德·塞耶茨将"文化"定义为：在没有人关注时，所发生的事情。然而，在四大，不被关注是不现实的。四大会利用各种公开和隐蔽的方式来监控员工，包括在开放式办公室的天花板上安装摄像头。所有项目的资料都要接受正式审核，工作底稿持续未通过审核的员工会被罚款或者解雇。员工的电邮和社交媒体发帖被监控，对社交媒体的使用也被限制（但是似乎不限制员工使用领英）。在工作时间内，员工的工作电脑禁止访问某些网站，还有一些网站则在任何时间都无法浏览。在这个环境中工作的员工，感觉他们如同史上最早的一批火车乘客一样，受到了过度的管制。

然而，这看似愚蠢的行为中也蕴含了一定意义。制订纷繁芜杂的任务、目标和考核指标，有其战略性意图。因为持续地让员工感到时间压力，能使员工主动付出更多努力（员工通常通过在工作时间以外无偿加班来满足时间要求）。以多维度和不断变化的考核指标来评价员工绩效，与那具有不确定性的合伙人晋升诱惑一样，有相同的激励效果。这些都已被实践证明是行之有效的举措，可以使员工在提高工作业绩、增强组织忠诚度和坚守事务所价值观等方面全力以赴。心理学家们对鸽子所做的测试，也得到了相同的结果。在鸽子意识到它们收到的奖励固定且可预测的情况下，它们便会偷懒，只做最少量的基本工作。而当它们发现奖励是随机且不确定的时，它们就会竭尽全力。

## 竞争

所以，库珀兄弟事务所的员工喜欢在"抽烟聚会"上取笑合伙人的各种怪癖，毫不让人感到奇怪，因为在事务所的杠杆世界中和合伙人制度体系下，四大员工的存在价值，是由合伙人决定和影响的。

激励员工通过竞争成为合伙人，一直都是合伙企业的明确目标。埃德加·琼斯曾经写到，20世纪60年代后期，普华事务所美国分所大约一半的员工都渴望成为合伙人，但是在入职的毕业生中，大约只有9%的员工有可能升到这个层级，且需要耗费12年的时间。在这个过程中，有些员工享受竞争的刺激，而另外一些却觉得这个竞争让人精疲力竭。然而，合伙企业存在和发展的基础，是至少绝大多数员工有成为合伙人的梦想，并且相信这个梦想可以通过努力奋斗实现。

对于普通员工来说，合伙人这个职位的相关信息总是神秘的：新晋合伙人的初始薪酬有多少？合伙人积分制如何运作？给合伙人定的销售目标是多少？新晋合伙人需要为事务所营运和购买保险投入多少资金？对于策划这场竞争游戏的高级合伙人来说，所有这些不确定的细节都是可以使用的激励手段，就像给员工设定的绩效考核指标一样。

用看似唾手可得的合伙人职位来诱惑表现出色的资深员工，是事务所管理的一个重要手段。马克·史蒂文斯记录了一位深陷合伙人升职诱惑的会计师的故事。这位会计师为了晋升为合伙人，牺牲了婚姻、家庭生活和精神健康。他多次面临着晋升机会，然而每次他的晋升机会又因各种原因落空。当这种情况发生了太多次以后，这位会计师再也不相信他的上司们给出的许诺，只是"漠然地看着他们的嘴巴张张合合"：

> 我终于醒悟过来，这就是个骗局，他们的目的只是逼着我更努力地工作。我几乎赔上了我的全部个人生活，我自己也处于崩溃的边缘，而这对他们而言还远远不够。他们用晋升为合伙人这根胡萝卜不停在我眼前晃悠来诱惑我，在我即将成功时又将胡萝卜一把抽走，他们耍这种伎俩不过是想榨干我最后一丝力气。就在那么一瞬间，我突然看穿了这一切。

第二天，这位会计师提出了辞职。他告诉史蒂文斯："让我感到恐惧的是，如果我真的成为合伙人，我可能会赔上自己的一生。"然而，这种以晋升为合伙人来诱惑员工的游戏，每日都在四大上演着。

# THE BIG FOUR

# 成年后的困境

在本书的第三部分，我们将探讨四大成年后所面临的各种深层次的挑战。我们分析了四大所遭遇的一系列代价高昂的灾难性事件，发现了其中存在的一些共性，包括对规则的违反、未发现舞弊、对审计投入不足以及各业务板块之间的根本性冲突，例如审计和咨询业务之间的利益冲突，这严重损害了四大的品牌价值。

在此背景下，"审计期望差"成为四大争议最多的领域。其中的争议包括：审计师是否有责任发现舞弊，一份标准的审计意见是否可以被视为审计师认可被审计单位有能力"持续经营"。我们将深入分析这些争议和审计师保护自己的手段。"审计质量"是个非常模糊的概念，意味着审计存在根本性的内在缺陷，这些缺陷会深刻影响审计意见的可信度。在四大的税收服务领域，也存在同样深层次的问题，引发的后果也相当严重。在第 11 章中，我们会讨论四大的税务灾难，并分析新的披露要求是如何导致传统的避税模式不再可行。

最后，我们会探讨四大在中国所面临的各种挑战。这些挑战凸显了四大各业务之间的冲突，并且暗示了四大的未来充满风险。

| 第 9 章 |

# 标准无保留意见
## 审计是四大的根基

## 区别

　　四大每家都同时提供审计和咨询服务，这两个业务板块在从业人员的资格和经验、业务规模、收费标准、交付时间和合同类型等方面都存在显著区别。与咨询业务相比，审计业务成本高、毛利低，并且具有不同的经济和文化属性。审计和咨询业务在四大内部分属不同的业务部门，并且办公区域也相隔很远。如果有年轻员工形容在四大的工作像是"包身工"，他们通常是指审计工作。低职级审计员的日常工作枯燥乏味、千篇一律，因此四大在进行校园招聘推介时鲜少提及自己的审计业务。在事务所内部，审计业务及其员工的地位都相对较低，大多数毕业生也只是把从事审计工作当成通往其他工作的一块跳板而已。

　　（四大的网站上尽管有上百页的信息，让访问者看得眼花缭乱，却没有一页能清晰简洁地说明自己究竟从事什么业务。这也难怪，四大随时准备着承接任何业务。从理论上说，四大作为"战略解决方案"的提供者，几乎没有什么项目和领域不能参与。）

虽然四大的咨询业务已经蓬勃兴起，审计业务依然是四大的主要收入来源。得益于四大在上市公司审计领域的垄断地位，尽管项目毛利和地位都相对较低，审计业务仍然有利可图。事实上，审计业务带给事务所的，远远不只收入。四大之所以能与其他管理咨询公司区别开来，很大程度上是因为拥有审计业务。为什么美国电影艺术与科学学院长期聘请普华永道负责统计奥斯卡奖项的投票？因为大型会计师事务所具有诚实、正直的良好声誉。如果说四大的品牌形象仍然蕴含着强大的企业价值的话，那么这样的形象主要应归功于审计。

## 身陷险境

四大试图将自己在审计和会计领域建立起来的品牌影响力，植入战略咨询、IT 咨询和房地产顾问等其他业务领域中。这样做的确有效——向自己信赖的审计师寻求咨询建议，让客户感觉放心。因此，利用审计业务带来的光环，事务所在承揽咨询业务方面毫不费力。然而，这些新的咨询业务却和审计业务在很多方面存在利益冲突，向咨询领域扩张极有可能增加事务所的风险，并损害事务所的品牌价值。

举例来说，当四大内部的非审计人员向客户提供审计风格的服务（如评估、内部控制检查、廉洁检查、政策研究等）时，客户可能会误会这些服务能提供与审计同等级别的保证或确认，并具有传统企业审计的一些其他属性。就使用的方法而言，各种审计类型之间（例如财务审计和绩效审计），以及审计和评估之间的界限并不明显，很容易被忽视。另外，虽然事务所内部对各业务板块有严格的划分，但局外人所能看到的却是事务所整体的品牌光环。那些将非审计服务视为有审计服务级别保证的客户，很有可能会因此身陷险境，因为在虚假的安全机制上冒险，远比在具有一定保护机制下做出冒险行为的后果更严重。对于四大来说，形势同样严峻。总之，咨询业务对于四大质量和诚信的声誉而言，是把双刃剑。

税务咨询业务，对四大品牌影响力的损害尤其严重。一些税务服务甚至可能会摧毁四大的品牌价值。例如，帮助高净值人士和跨国企业转移收入或隐匿海外资产，都会损害四大的诚信声誉。<sup>⊖</sup>

除了提供可能削弱品牌价值的业务外，四大的很多其他行为也影响了审计的品牌形象。例如反复出现的丑闻，正一点点地（有时甚至是大幅度地）侵蚀着四大的声誉。在过去大约一个世纪的时间里，四大对专业知识技能开发方面的投入相对较少，审计变得更为制式化和标准化，审计质量也随之下降。随着咨询业务的蓬勃兴起，审计陷入危局已经成为会计行业的大趋势。那么，这个局面是如何形成的呢？

## 现代审计的神秘起源

几乎每年，都会有学者发现一些年代更久远、尚不为人知的审

---

⊖　税务咨询业务，在本书第 11 章中有详细阐述。

计起源证据，这有点像研究人员之间开展的一种学术竞赛。迄今为止已发现的证据显示，在古巴比伦、美索不达米亚、埃及、希腊、波斯、罗马甚至公元前 1000 年左右的中国西周王朝，已经出现了公共审计师的身影。11 世纪的《末日审判书》就建立在一套审计体系的基础上，其中皇家审计的地位被视为相当于"上帝最后的审判"，因为二者都无人能够逃避。另外，在稍早前我们提到，13 世纪的英国社会已经开始通过投票的方式选出" awdytours"，以确保社区账目准确、清晰。这些都为国家级审计机构的出现奠定了基础。国家级审计机构很早就出现在西欧，例如英国国家审计署最早在 1314 年已经出现，法国审计法院<sup>⊖</sup>则于 1318 年初现雏形，而荷兰审计院则于 1386 年出现。

美第奇银行就建立在一套严密的审计体系基础上。每年，美第奇银行都会安排信任的员工逐笔核查当年的全部交易。例如，1467 年，安吉洛·塔尼就曾被派到美第奇银行伦敦分行检查当地的账目，并被要求特别"关注那些可疑或逾期的户头情况"。卡斯蒂利亚女王伊莎贝拉，也曾派遣审计员随同哥伦布一起远航至西印度群岛，以确保他能准确核算航行中所获得的收益。荷兰东印度公司的股东也有权委派审计员，检查东印度公司的年度账目。约书亚·威基伍德设计的那套复杂的成本核算系统，能使他及时察觉工厂主管监守自盗的行为。这些历史案例都无可争议地证明：审计的出现，由来已久，并且包含了各种方法、原则和目的。

---

⊖ 法国审计法院是法国政府的一个准司法机关，掌管引导大多数公共机构和一些私营机构的财务和法定审计。——译者注

## 安全

在卢卡·帕乔利针对审计提出的那些非常超前的理念中，他认为审计是一个检查会计记录是否存在错误的过程。这个理念也反映在第一部现代公司法中。1844 年颁布的《股份公司法》(Joint Stock Companies Act）要求所有注册的股份公司必须提交经审计的资产负债表，股东选派的审计员必须严格检查公司账目并在股东大会上汇报检查结果。1845 年颁布的《公司条款法》( Companies Clauses Act），则把对审计和审计员的要求，以法律的形式进行了规定。这两部法律影响甚至决定了欧洲、美国乃至后来全世界审计业的发展。

20 世纪 30 年代以前的美国，企业审计还不是强制性的要求。然而到了 1926 年，已有超过 90% 的纽约证券交易所上市企业接受了审计。1933 年颁布的《证券法》和 1934 年颁布的《证券交易法》，要求所有新上市和存续企业的财务报表，都必须经独立注册会计师审计。新法规的紧急出台，源于当时爆发的一系列财务丑闻，其中最著名的便是 1932 年的"克鲁格破产案"。

伊瓦·克鲁格（Ivan Kreuger），是一个伯尼·麦道夫式的人物，他通过生产和销售安全火柴发家。尽管外表体面、受人尊敬，但他私下里却在实施商业诈骗，使用的不少手段与早期英国铁路行业的欺诈方法如出一辙，例如用股本支付红利，滥用垄断特权，用新投资人的资金去偿还老投资人的本息等。最终，克鲁格的商业帝国被证明就是一个庞氏骗局，并轰然崩塌。《证券法》和《证券交易法》的制定者们希望新法规的实施能够阻止此类丑闻继续发生。然而事与愿违，更多的财务和审计灾难，以及周而复始的监管失败，一再接连上演。

## 高昂的代价

在古代的雅典，奴隶是最好的审计员，因为如果他们审计出错，会被施以酷刑。如今，工作出现重大失误的审计员们则要接受不同形式的折磨，包括特别问询、法庭调查、国会听证甚至是与伯尼·麦道夫一样坐牢。（在一个电视节目中，主持人说："你想成为百万富翁吗？那么请加入会计师事务所，因为这里是天堂。你想破产坐牢吗？那么也请加入会计师事务所，因为这里是地狱。"）

四大都曾对后来被发现有重大错误的财务报表，出具过带肯定意见的审计报告，也都曾遭遇各种审计丑闻。以普华永道为例，1931 年引起公众广泛关注的皇家邮政案，几乎让它陷入一场审计灾难。当时普华事务所的合伙人 H. J. 莫兰德因为对英国最大的航运企业"具有误导性"的会计报表，出具了肯定意见，被依据《盗窃罪法》（Larceny Act）起诉。莫兰德的辩护律师声称自己的客户是"一个虔诚的教徒……坚信神自会对此事有所定夺"。在冷静地接受了严格的盘问后，莫兰德告诉尼古拉斯·华特豪斯："好吧，他们对待基督的态度要差得多，所以我何必自寻烦恼。"

在 1965 年发生的罗斯剃须刀公司造假案中，普华事务所再次被指控对具有误导性的财务报表出具了肯定意见，普华事务所审计员未能发现公司存货造假和其他一些财务欺诈行为。最终，普华事务所与罗斯剃须刀公司的清算人进行了庭外和解。为了将此事对事务所名誉的影响程度降到最低，普华事务所随后发布声明说："审计员们坚决否认此项指控。庭外和解是为了避免漫长和代价高昂的诉讼过程。"

在随后的几年里，随着越来越多的大型会计师事务所陷入法律纠纷，此类声明已屡见不鲜。由于会计师事务所财力雄厚并且购买了职业损失赔偿保险，审计员成了寻求损害赔偿各方青睐的目标。这些法律诉讼，大部分都有相同的原因，即审计员未能察觉企业会计核算错误、舞弊或者即将破产的风险。审计员被牵入财务造假中——投资人、监管人和客户对其穷追猛打——监管机构出台新法规、采取新行动……这样的循环持续上演。

到了 20 世纪 90 年代，随着和解案件数量的不断攀升，审计业务的风险和成本都变得越来越高。1992 年，在磁盘驱动制造商 MiniScribe 的投资人提起的诉讼中，永道事务所支付了 9 200 万美元的和解费用。在随后的几年间，永道事务所又分别因为罗伯特·马克斯威尔公司媒体帝国崩塌案和法默尔连锁药房破产案，付出了高昂的代价。普华事务所因国际商业信贷银行的审计问题，卷入了漫长的诉讼。1995 年，该案最终以普华事务所支付巨额赔偿而告终。层出不穷的诉讼，导致事务所的保险成本飙升，"许多保险公司甚至拒绝承保六大会计师事务所的审计业务，这迫使普华和永道事务所不得不自行预留资金，以应对潜在的诉讼赔付费用"。

## 安然、萨班斯法和上市公司会计监督委员会

安然公司的倒闭，是 21 世纪初一个典型的因为财务造假而破

产的企业案例。安然公司的造假手段多样且隐蔽，在日常经营活动中几乎难以察觉。作为安然的审计师，安达信销毁了与安然审计相关的工作文件，此举一直饱受争议。2002 年 6 月，安达信被判处同谋罪和严重妨碍司法公正罪。依据美国证券交易委员会的规定，安达信被禁止从事审计业务。在被吊销注册会计师牌照和剥夺执业资格后，安达信失去了未来。在随后的安达信美国事务所起诉美国政府的案件中，联邦最高法院发现在第一次审判过程中，陪审团收到的法庭指示存在缺陷：法官未能告诉陪审团，必须找出安达信知法犯法的证据。联邦最高法院最终撤销了之前对安达信的判决，然而，对于安达信和它的上万名员工来说，这个判决来得太迟了。

安然、世通公司和垃圾处理公司等企业因为造假而破产，这迫使监管机构迅速做出反应，开始着力关注审计师所承担的角色。在美国，监管机构采取的主要措施，是于 2002 年 7 月颁布实施了《萨班斯－奥克斯利法案》（也称为萨班斯法）。安达信既是安然的咨询顾问，也是安然的审计师。立法者认为安达信的这种双重身份，导致其为了赢得安然的咨询顾问业务，在会计报表审计的独立性方面做出了妥协。这个观点导致监管机构开始限制四大向审计客户提供非审计业务，四大在很大程度上失去了自行决定业务范围的自由。

萨班斯法给审计行业带来了重大变化。首先，内部控制审计成为强制性要求。备受争议的 404 条款要求外部审计师必须对企业的内部控制进行审计，并对企业内部控制的充分性和有效性进行报告，尽管这份报告的编制费时费力。其次，为了确保审计准则与审计质量的相关性，上市公司会计监督委员会（Public Company

Accounting Oversight Board ，PCAOB）成立，并取代了美国注册
会计师协会审计准则委员会（Audit Standards Board of the AICPA）。
上市公司会计监督委员会是一个非营利组织，因为其简称 PCAOB
与"躲猫猫"游戏（Peek-a-boo）的发音类似，所以也被戏称为
"Peek-a-boo"。

上市公司会计监督委员会被赋予了很大的权力。它有权"监督
上市公司的审计……确保审计报告内容翔实、准确、独立，以保护
投资者和公众利益"，并有权对未遵守规定的审计师处以数百万美
元的罚款。该机构成立后不久，便开始充分行使职责。例如，2008
年 8 月，它报告了毕马威会计师事务所在审计中未达到委员会要求
的 10 个案例。这些案例存在的缺陷主要包括未确认估值和客户声
明，忽视客户财务报表偏离国际会计准则等问题。2012 年，上市
公司会计监督委员会检查了普华永道会计师事务所的 52 个审计项
目，发现其中有 21 个项目存在重大审计缺陷；2013 年则在对该所
59 个审计项目的检查中，发现有 19 个项目存在重大审计缺陷。同
时，它还在检查中发现，毕马威会计师事务所 2013 年的审计缺陷
率高达 46%。在毕马威的审计项目中，"审计结论证据不充分，或
者未有充分证据证明事务所对内部控制进行了有效审计"的情况屡
见不鲜。

2015 年，是所有审计业务和相关鉴证业务必须按照上市公司会
计监督委员会准则和修订后的《证券交易法》17a-5 条款执行的第
1 年，上市公司会计监督委员会审查了 75 家事务所的 115 个审计项
目和 114 个相关鉴证业务。该机构发现，事务所的缺陷率依然居高

不下，其中审计缺陷率为 77%，鉴证业务缺陷率为 55%。上市公司会计监督委员会表达了对"缺陷性质和居高不下的缺陷率"的担忧：

> 此次发现的缺陷大部分都在以前的检查中报告过类似的情况，但是情况依然没有改善。并且，无论参照通用审计准则还是上市公司会计监督委员会审计标准，这些缺陷都是最基本的审计问题。许多接受检查的会计师事务所需要大幅提高其审计工作质量，以满足行业准则和美国证券交易委员会及上市公司会计监督委员会的要求。

对于长久以来一直抗拒成为"审计机器"，并且坚持经营独立性的四大而言，这些高压审查给它们造成极大困扰。然而，审计质量提升可能带来的经济效益，成功引起了审计师们的注意。德勤美国董事长和首席执行官乔·乌库佐克鲁 2014 年对《经济学人》杂志表示，上市公司会计监督委员会"如今被审计员们时刻放在心上，他们的审计工作需要经得起上市公司会计监督委员会的严格审查。高品质的审计工作会受到奖励，而审计失职则会带来严重后果"。

## 审计师和 2008 年金融危机

安然公司倒闭后的数年中，又发生了一连串类似规模的灾难性事件。在 2008 年的金融危机期间，会计师事务所深陷大型银行和金融服务公司的倒闭风波中。四大都有客户因金融危机破产、需要政府救助或者被政府国有化的情形，四大的名字也与几个轰动一时的金融机构危机事件紧密联系在一起。例如，德勤当时是贝尔斯登和房利美的审计师。贝尔斯登原为美国第五大投行，在 2008 年金融危机中破产，而房利美则被政府接管。毕马威是花旗银行的审计师。普华永道负责美国国际集团和高盛集团的审计。安永则是在金融危机中破产的原美国第四大投行雷曼兄弟的审计师。

在雷曼兄弟、贝尔斯登和英国北岩银行<sup>⊖</sup>破产前，它们都收到了审计师出具的"无保留意见"的审计报告<sup>⊜</sup>。2008 年金融危机中破产的桑伯格抵押贷款公司，曾是美国第二大独立的抵押贷款机构，毕马威在 2008 年 2 月 27 日对其出具了无保留意见的审计结果，但随后又很快撤回了该审计意见，并在接下来不到一周的时间内，宣布其对桑伯格抵押贷款公司前三年的审计报告"存在重大误导，不再具有指导意义"。然而，这些报告都无法让股东和投资人放心。这些审计过失案例影响恶劣，以至于成为金融危机及后续法律诉讼的重要主题。

在苏格兰哈利法克斯银行业务快速增长及疯狂商业化的时期，毕马威前合伙人保罗·罗素·摩尔成为其集团风险监管部门的负责人。摩尔向银行高层汇报了他对银行风险情况以及销售策略（包括向那些没有偿还能力的人发放贷款）的担忧。2005 年，作为哈利法克斯银行的审计师，毕马威检查了摩尔所关注的风险事项，但表示哈利法克斯银行的风险控制措施适当且有效。在三年后的金融危机中，哈利法克斯银行陷入严重的经营困境，政府被迫出手相救并促使其与劳埃德 TSB 集团合并，组成劳埃德银行集团。

---

⊖ 英国北岩银行，又称诺森罗克银行，英国五大抵押贷款银行之一。——译者注
⊜ 审计报告四种审计意见类型包括无保留意见、保留意见、否定意见、拒绝发表意见。其中无保留意见表示审计师认可被审计单位财务报表的真实、准确和完整性。——译者注

还有一桩与毕马威相关的审计丑闻，发生在美国。毕马威美国事务所的两名审计员，在对内布拉斯加州 TierOne 银行（该银行于 2010 年倒闭）的审计中，由于未对该行的贷款损失拨备进行检查，忽视了贷款损失拨备不足的风险，而受到了停止执业的处罚。在这两名审计员上诉后，美国证券交易委员会对他们做出了更严厉的处罚决定。美国证券交易委员会认为他们的行为"非常恶劣、极度不合理，并且充分证明他们缺乏足够的执业能力"。委员会还认为，"被告不仅未认识到他们行为的错误之处，也无法保证将来不会再犯相同的错误。因此，所有这些事实都让我们有理由相信，被告未来仍然有继续犯错的风险"。

## 雷曼兄弟倒闭风波中的审计师

作为美国曾经的第四大投行，雷曼兄弟的破产也许是 2008 年金融危机中影响最为深远的灾难性事件。到 2007 年，安永已连续七年担任雷曼兄弟的审计师。在雷曼兄弟倒闭前的十年中，共向安永支付了 1.85 亿美元的中介费用。金融危机过后，纽约一家破产法院委托 Jenner & Block 律师事务所的董事长安东·R. 瓦鲁卡斯，调查雷曼兄弟破产事件。2010 年，瓦鲁卡斯提交了一份长达 2 200 页的调查报告。为了完成这份调查报告，超过 70 名律师参与了调查，搜索和查阅了 3PB<sup>⊖</sup>的资料，约合 3 500 亿页的文字资料，或者 150 座美国国会图书馆的藏书规模。

当时，雷曼兄弟采用了一种非常激进的操作手段，来掩饰其负

---

⊖ 1PB=1 024TB。——译者注

债率过高的财务状况，这种手段被称为"Repo 105"。雷曼兄弟在每个季度末的财务报表日前，会暂时"卖出"资产负债表中价值数百亿美元的资产，在财务报表日后又会立即将该资产再"买"回来。雷曼兄弟这么做的目的是在资产"卖出"后，利用资产"出售"所得减少其他负债，暂时降低报表日披露的资产负债率，以掩盖其惊人的高杠杆和日益恶化的财务状况。与贝尔斯登一样，雷曼兄弟的杠杆率也超过了30：1，这意味着雷曼兄弟的资产价值只要下降3.3%，就会导致其因资不抵债而破产。J. C. 尚多尔在其 2011 年拍摄的电影《商海通牒》中，也以戏剧化的方式呈现了雷曼兄弟的高杠杆经营情况。

"Repo 105"中的 Repo<sup>⊖</sup>是指强制回购协议，该协议规定雷曼兄弟对上述交易方案中"出售"的资产，有强制回购的义务。数字 105，是指抵押物比例为 105%。美国会计准则规定，抵押物比例在 98%～102% 的交易，视为抵押贷款（贷款会增加企业负债率）。雷曼兄弟将自己的抵押物比例提高至 105%，超过会计准则规定的比例，并据此坚称自己的交易不是贷款，而是真实的资产出售，并将"卖出"的资产，按照销售进行了账务处理（利用出售的资金同时降低其他负债，这样会降低企业的负债率）。雷曼兄弟的抗辩理由，就好比如果你家房子升值，你就不用再支付房贷，这显然完全不符

---

⊖　正常的 Repo 是很多银行在短期（如一天或几天）内，用资产换取现金流动性维持运营的工具，称为回购协议 Repo。具体做法是银行把资产暂时"卖"给对方，然后在协议规定的短时间内再由银行买回该资产。会计准则规定，当资产相当于 98%～102% 的现金时，该交易视为贷款。雷曼兄弟此前是将该方法更加复杂化，并大肆利用这种手段转移负债，从而营造良好的债务状况，最终在金融危机升级时刻，因为市场流动性的枯竭以及各种证券价格的大幅下跌而走向破产境地。——译者注

合经济和会计逻辑。

美国财务会计准则委员会（Financial Accounting Standard Board，FASB）前主席鲍勃·赫兹指出，雷曼兄弟抗辩中所依据的只是一个解释"回购协议中常规的抵押物安排"的范例，但是这个范例并没有像雷曼兄弟声称的那样，旨在产生一个"明确"的会计规则。然而，瓦鲁卡斯发现安永清楚雷曼兄弟使用"Repo 105"粉饰资产负债表的行为，却仍出具了标准无保留意见的审计报告。雷曼兄弟的董事长兼CEO理查德·福尔德也通过电子邮件知悉"Repo 105"交易的情况。但在雷曼兄弟事件的庭审中，福尔德的辩护律师则牵强地声称，福尔德对这种操作手段毫不知情，因为他"根本不使用电脑"，只会操作黑莓手机，而黑莓手机打不开电邮中的附件。

安永不仅清楚雷曼利用"Repo 105"粉饰会计报表的行为，还被指责直接参与和推动了这项财务造假活动，从而误导了投资人和监管机构。因为在雷曼兄弟破产事件中承担的角色，安永也被卷入雷曼兄弟在纽约、新泽西州和加利福尼亚州的诉讼案中。纽约总检察长安德鲁·科默指控安永协助雷曼兄弟掩盖其危险的财务状况。安永坚决否认这个指控，辩称雷曼兄弟编制的财务报表符合国际会计准则规定，雷曼兄弟的破产"不是由任何财务问题造成"。然而，法院已获得了证明安永审计过失的确凿证据。

雷曼兄弟诉讼案的庭审记录读起来非常有趣。一名雷曼兄弟的内部"吹哨人"和一名安永的初级审计人员，都曾对"Repo 105"提出了预警，但是他们的预警据说都被置若罔闻。雷曼兄弟的高级副总裁马修·李也曾对安永表示，他认为"Repo 105"的操作并不合理。安永的审计员巴哈·K.贾恩曾发电邮给他的经理杰妮弗·杰克逊，质疑此举可能会给安永带来信誉风险。但是，尽管这种种疑虑和担心都反馈给了负责雷曼兄弟审计的安永"项目合伙人"，据传安永还是未能充分调查此事，或向审计委员会进行报告。法院还收到了安永和雷曼兄弟之间关系亲密的证据。在雷曼兄弟操作"Repo 105"后的大部分时间里，有两名安永前员工先后担任了雷曼兄弟的首席财务官。

最终，雷曼兄弟诉讼案让安永付出了昂贵的代价：安永在支付了 9 900 万美元后，与提起集体诉讼的雷曼兄弟投资人达成和解，而纽约的诉讼案让安永支付了 1 000 万美元的和解金，以及其他各种罚款、和解等，最严重的是，这对安永的声誉造成了难以估量的伤害。

## 危机过后

英国上议院的一个委员会调查了在金融危机爆发前，英国审计师对银行进行审计时是否有足够的职业谨慎性和怀疑态度。四大被指责对客户的风险行为和管理不善视而不见，以及更严厉的指控。当四大的代表出现在委员会面前接受问询时，利普西男爵严厉地批评道：

　　……你们的职责是向投资人报告企业的真实情况，然而你们却提供了一份刻意误导市场和投资人的审计报告。我很难理解，你们为什么要这么做。

四大的证词所表现出来的冷漠、避实就虚、言之无物，让利普西男爵有一种"爱丽丝梦游仙境的感觉"。上议院的最终报告认为："银行审计师的自大情绪是（金融危机的）一个重要推动因素。无论他们是因为工作疏忽，没有注意到客户日益增加的危险，还是他们注意到了危险，却没向监管部门报告，审计师都应该为此承担责任。"

2008 年，伯尼·麦道夫的庞氏骗局曝光，人们才发现这是一桩赤裸裸的金融诈骗案，让身处其中的投资人损失惨重。安永、普华永道和毕马威，都审计过那些向麦道夫骗局投入了数十亿美元的投资基金。受害人发起了一场集体诉讼，指控审计师违反了受托责任，未能发现或者警示投资基金存在的风险。法院审理此案后，驳回了对审计师的指控。然而，金融危机过后，审计灾难仍在世界各地不断地出现。

2009 年，印度，一家科技公司萨蒂扬（Satyam）承认在资产负债表中虚增了超过 10 亿美元的现金。2010 年，一家总部位于加拿大多伦多的私人林业公司——嘉汉林业○声称拥有一片实际上并不存在的森林资产。在造假丑闻被曝光后，嘉汉林业的市值蒸发了95%。2011 年，西班牙，据说班基亚银行（Bankia）在上市前就出

---

○ 嘉汉林业（Sino-Forest Corporation，证券简称 TRE）成立于 1994 年，总部位于加拿大多伦多，1995 年通过借壳的方式在多伦多证券交易所上市。2011 年，嘉汉林业被知名调查机构浑水研究揭发资产和业务造假。2017 年，加拿大安大略省证券委员会正式裁定了嘉汉林业的故意欺诈事实，裁定其夸大了在中国的林业资产的收入和资产价值。安大略省高等法院判决嘉汉林业实际控制人陈德源犯欺诈、违反信托责任和过失罪，需向受害人支付 26.3 亿加元赔偿，并支付 500 万加元惩罚性损害赔偿。嘉汉林业最终倒闭，成为加拿大历史上规模最大的欺诈案之一。——译者注

现谎报财务信息的情况。10 个月后，为防止班基亚银行破产，西班牙政府将其国有化。2011 年，日本，光学仪器制造商奥林巴斯（Olympus）披露公司财报隐藏了数十亿美元的亏损。2012 年，美国，惠普公司以 103 亿美元收购的软件公司 Autonomy 据说对销售预测造假，惠普不得不对该笔投资进行了大额减值处理。2012 年，英国，普华永道因为对摩根大通证券公司违反客户资金隔离与保护规定的情况，出具了虚假的报告，被罚款 140 亿英镑。2013 年，中国和美国，德勤因未能察觉到双威教育<sup>○</sup>的高管"肆无忌惮地"将上市公司资产腾挪到其他公司名下，而被起诉。2014 年英国，巴菲特对特易购公司（Tesco）的投资让其损失了 7.5 亿美元。尽管审计师关注到了特易购公司"可疑的返利"，并建议加强审计力度，但是对特易购公司 2013 年的财报，"仍然出具了标准无保留意见"。2015 年，美国，西音河流健保系统公司（Singing River Health System）起诉毕马威存在审计过失，导致该公司做出了"史上最大金额的账务调整之一"。（在该公司更换会计师事务所后，新事务所发现毕马威未发现该公司存在 8 800 万美元的亏损。）

金融危机中和随后几年发生的审计灾难，从规模和后果上来看，至少如同 2002 年一样惨烈。基于这些情况，我们或许可以说，后安达信时代的改革及其核心法案《萨班斯 – 奥克斯利法案》失败了。

---

○ 双威教育集团（ChinaCast Education）成立于 1999 年，总部位于中国香港，最早主营卫星通信服务，后来逐渐演变为一家私营教育服务公司。双威教育 2007 年通过反向收购在纳斯达克上市。因原董事长和管理人员财务造假和侵吞上市公司资产等行为，美国证券交易委员最终对其进行了起诉和强制退市。——译者注

# 第 10 章

# 整顿
## 四大的审计缺陷

## 太难了吗

现代企业的复杂性经常被认为是导致审计过失的主要原因。皇家邮政案就是一个早期的例子。皇家邮政公司是一个庞大的国际航运和贸易集团，集团下属各子公司以不同模式与母公司进行交易。母公司和子公司各自都有一笔庞杂的准备金，准备金在集团内部各公司间的转移错综复杂，有效掩盖了皇家邮政巨大的经营亏损。由于公司庞大的组织架构和繁杂的账目，借用埃德加·琼斯的话说，外部审计人员"几乎不可能"了解和判断该公司的真实情况。在这桩丑闻后续的法律诉讼中，审计师的辩护律师们为了梳理其中盘根错节的关系，也是费尽心力。他们整理了七卷辩护档案，并用不同颜色标识，这在法律界引起了轰动，被称为"彩虹辩护状"。

到了 21 世纪，伴随衍生金融产品、知识产权、企业架构和会计核算方法的发展，企业变得比过去更加复杂，也进一步增加了审计难度。澳大利亚黄金开采企业瓜利亚家族就是个典型的例子。该公司于 2004 年破产，后续的行政和法律诉讼都让人注意到审计员在这个项目中力所不逮的事实。公司的破产清算管理人富理诚认为，负责瓜利亚家族审计业务的安永，根本没有理解该公司黄金和美元对冲合约会计核算的复杂性。2009 年，安永同意对瓜利亚家族破产诉讼案支付 1.25 亿澳元的和解金。

在对复杂企业的审计中，审计师似乎越来越心有余而力不足，瓜利亚家族破产案只是其中的一个例子。2014 年，历史学家雅各布·索尔描绘了在期权、期货和其他复杂融资手段等"像细菌一样不停变异的金融工具"面前，审计师是如何苦苦挣扎以免被抛弃的画面。他在文章中写道："单就复杂程度和经营规模而言，银行、企业和政府机构已经让自己变得很难审计。举例来说，如果要真正地审计高盛公司，你知道需要动用多少会计师吗？这个审计任务真的能完成吗？"

然而，审计师必须克服企业复杂性的难题，这不仅是审计准则的要求，也是客户、投资人和监管机构的期盼。毋庸置疑，这些期盼完全合理。其他职业也需要应对日常工作中的各种复杂情况，例如医生需要处理疑难杂症，律师需要处理各种复杂的诉讼，工程师和科学家则需要应对精密的设备和繁杂的系统问题，这是他们的职责所在。会计师在审计复杂企业方面有长期的成功经验，可以回想下会计师对 19 世纪复杂的铁路企业，尤其是铁路清算所的审计。现代审计发展之初，会计师事务所克服企业复杂性的方法包括：派遣资深审计专家执行审计项目,专注于特定行业或企业的审计,以及投入大量时间和精力了解企业经济业务的会计核算逻辑。会计师所做的这一切,都是为了更好地保护公众的利益。

然而,企业的复杂性并不是近期会计师事务所频频陷入麻烦的全部原因。审计员的工作方法、他们面临的激励机制和市场压力,以及会计师事务所服务内容的广度和深度,都与审计项目成败有很大关系。就像"彩虹辩护状"和瓦鲁卡斯那长达 2 200 页的雷曼兄弟破产调查报告所展示的那样,要真正了解企业复杂的经济业务体系,会计师需要付出大量的时间、金钱和精力。但是,这样大笔的投入与会计师事务所如今对商业化的追求格格不入,它们为了实现利益最大化,安排经验不足、专业能力欠缺的初级员工来执行审计任务,并且要求他们尽量简化审计程序,以最大可能地降低成本。一系列审计失败的案例,究其根源,最终都可以追溯到不同利益群体对审计期望的矛盾和冲突上。

## 审计期望差

曾经担任安达信律师的吉姆·彼得森认为,在现代审计准则下,一份标准无保留意见的审计报告仅仅意味着被审计单位的财务信息"在大多数情况下,就我们的审计内容来看,总体上没什么大问题"。会计行业是这么定义审计这个职业的:一份任何人都不可能出错的工作。随着时间的推移,企业审计工作的范围日益变窄,审计结论也附加了更多限定条件。为节省审计时间和减少审计责任,审计员们也逐渐倾向于用有限的方法对交易样本进行抽样测试<sup>⊖</sup>。在这种情况下，会计师的审计发现和结论都存在严重的局限。

然而，非审计人士和机构对审计内容和审计应达成的目标的期望，并未发生改变。这些非审计人士和机构包括客户、股东、监管机构、立法机构、融资机构、保险机构、证券交易所和法院。非审计人士和机构与会计师事务所对审计的期望之间存在巨大的差异，并且差异日益扩大。这种情况之所以存在，是因为并非所有人都认为审计人员可以自行定义审计的性质和范围。

期望差似乎是一个随处可见的现象，例如病人期望医生可以包治百病，客户期望律师打赢每一场官司。但是，如果你在谷歌上搜索"期望差"，会发现这个概念主要针对审计而言。总体上说，其他职业和行业不太受期望差的影响。<sup>⊜</sup>另外，谷歌搜索还显示，深受期望差折磨的主要是审计人员，而不是那些非审计人士和机构。

## 控制你的热情

期望差争议的焦点是审计的定义。什么是审计？审计能做什么？审计的目的是什么？

审计（audit）这个词，来源于拉丁语，意为"倾听"（to hear），与事实、真相、信任、责任和独立等词一起，经常被用于定义上市公司审计的范围和目的。通常来说，上市公司审计的目的是帮助股东、投资人和管理人员改善企业经营状况。迈克尔·鲍尔称

---

⊖ 抽样测试是指抽取一部分样本进行检查，用样本检查结果作为整体情况的结论。——译者注
⊜ 医药和法律等其他行业也不像四大一样乐于创造流行术语。

审计"是一项创造信任的技术"，它让投资人和公众对企业及其管理人员的尽责和清廉放心。弗朗辛·麦肯纳认为："会计师事务所及其成千上万的审计人员，应该是保障投资人安全的第一道独立防线。"1894 年，弗雷德里克·惠尼对伯明翰注册会计师学生协会（Birmingham Chartered Accountants Students Society）表示，审计师的职责"是确认数字是否为真"。众所周知，一份标准无保留意见审计报告，表明被审计企业的会计账目通过了审核，经会计师审计的财务报表"真实且公允"地反映了企业的财务状况。

现代审计发展的大部分时间里，上市公司的审计师们一直在试图降低非审计人士对审计所提供的保证程度的期望。例如，审计师总是强调，他们不"保证"财务报表的准确性，他们只是对财务报表是否遵循会计准则或者是否有重大误导提供意见。《经济学人》杂志的编辑在《昏昏欲睡的看门狗》一文中指出，现代美国审计并不对财务报表的准确性发表意见，只是出具一份"一页纸的制式合格／不合格报告"，仅对财务报表的编制是否符合会计准则，以及财务报表在所有重大方面是否公允地反映了企业的财务状况进行"合理确认"。毕马威前董事长、现任英国电信集团董事局主席的迈克·雷克爵士认为："审计师扮演的角色更像板球场上防守方的后野位置球员<sup>⊖</sup>，而不是需要随时准备接球的游击手。"麦克·瑞帕波特在《华尔街日报》上，发表了他对审计的看法："审计的目的不是阻止企业开展愚蠢的商业活动，只是确保企业对这些活动进行了适当的披露。"

---

　⊖　后野位置球员，即 long stop，站在守门手之后，靠近边界（由于该守门手通常不太可靠，所以几乎在职业板球中不出现）。——译者注

尽管如此，预期差依然存在，并且在以下两个方面尤为明显。首先，审计师是否应警告投资人被审计单位即将破产？其次，审计师是否有义务发现被审计单位的欺诈行为？

## 持续经营原则

审计师是否有责任评判被审计单位的生存能力，是会计和公司治理领域最热门的话题。21 世纪初，英国审计准则试图厘清审计师在这方面的职责："审计师所执行的审计程序，是建立在被审计单位在可见的未来会持续经营的假设上。因此，审计师必须同时关注被审计单位当前及未来可能的经营情况与经营环境。"然而，2011年 5 月，英国特许公认会计师公会对审计师在被审计单位"持续经营"方面应承担的职责，提出了一个更为保守的定义。

就被审计单位而言，审计师没有责任对其在可见的未来是否能够持续经营提供任何保证。审计师只需要评估，持续经营假设作为被审计单位编制当前财务报表的基础是否适合。他们必须关注是否有任何事件或负债（包含或有负债），可能损害被审计单位的偿债能力，但是除了评估被审计单位的未来经营状况是否会影响财务报表采用的编制基础外，审计师没有责任评判被审计单位的财务健康状况。

2008 年的金融危机期间，爱尔兰银行因为执行过于宽松的贷款政策形成大量不良债权，陷入经营困境，导致其股价暴跌了 99%。普华永道是爱尔兰银行的审计师，约翰·麦克唐纳在金融危机过后的几年里领导了普华永道对爱尔兰银行的审计。在爱尔兰银行危机调查委员会面前，麦克唐纳说："审计存在的意义，并不是对被审计单位的商业模式提供评价或意见。"

财务报表反映的是历史交易和事项对企业财务状况的影响，它并不能提供报表使用者做经济决策所需要的全部信息。会计准则制订的目的，是要求企业在财务报表中如实记录历史交易和事项，像企业稳定性、资本充足性或者未来发展前景等事项，都不属于会计准则的范畴。

为了打破这个僵局，一些相关人士呼吁扩大审计报告的范围。例如，2014 年，普华永道美国的董事长鲍勃·莫里兹承认，审计报告中如果能包含更广泛的"价值驱动因素"内容，即对企业持续盈利有决定性影响的资产和经济活动内容，对报告使用者来说将更有意义。

然而，在持续经营方面，审计师对期望差的抱怨有一定的道理。预测企业破产所需要的技巧和信息，远远超过审计财务报表。对持续经营发表意见的需求来源于这样的情况：如果一家企业即将破产（其品牌和专用资产的价值也将化为乌有），对各种资产显然要按照不同于持续经营的原则进行会计核算。有人或许会认为，一家企业能否被认为可持续经营，是其财务健康与否的标志。但是，对过去持续经营意见的检验，就足以推翻这个观点。

## 良莠不齐的记录

审计师是否有责任发现和调查被审计单位的欺诈行为，长期以

来同样存在争议。1896 年，在一场著名的判决中，洛佩斯大法官
指出：

　　审计师不是侦探，也不应总是抱着怀疑态度工作，或者先
入为主地认为被审计单位一定有问题。审计师是看门狗，不是
警犬，他有理由相信被审计单位信任的员工。在采取了合理、
谨慎的审计措施后，审计师有权假设被审计单位的员工诚实、
可靠，并信任他们的言行。

　　基于接连发生的企业欺诈事件和审计丑闻，洛佩斯大法官的观
点显得过于天真。然而，这段话对会计行业的影响非常大。

　　20 世纪 40 年代，美国药品经销商 McKesson & Robbins 成为
一起内部欺诈案的受害者。实施欺诈的是该公司的一名高管和他的
三个兄弟，他们"严重夸大"了公司的应收账款和存货。普华事务
所当时担任这家公司的审计师，审计师没有察觉高管的舞弊行为，
也未对公司应收账款和存货的真实、准确性进行检查。尽管如此，
普华事务所仍然有理由对自己的行为进行申辩，因为当时的审计准
则并未要求审计师执行这些测试程序。

　　尽管舞弊检查天然与审计范畴中的诚实、责任有关，但是对于
被审计单位的内部舞弊事件，四大却屡屡失察。为什么？因为四大
的杠杆操作，这意味着执行审计工作的通常都是资历较浅和经验不
足的员工；因为审计师通常没有接受过成为调查员的培训；因为财
务审计关注的重点是内控和制度体系，而不是交易本身；因为审计
师通常是在抽样测试的基础上对内控和制度体系进行检查，而不是

全盘检查；也因为与被审计单位的内部人士相比，审计师对于被审计单位的了解，通常处于信息不对称的劣势地位。

基于上述原因，四大忽视了对一些重大舞弊案的检查。2007年，在西门子公司卷入的一桩贿赂案中，毕马威德国公司因未对西门子公司的"可疑付款"进行检查，而遭到了调查。2009年，安永被牵连进南方保健公司虚增报表利润的财务丑闻中，安永为此向南方保健公司的股东和债券持有人支付了1.09亿美元的和解金。安永的一名审计员证实，安永收到过一封警示南方保健公司可能进行财务造假的电子邮件，但是安永仍然没有发现该公司虚增了据说高达25亿美元的利润。同样在2009年，政界人士和盎格鲁爱尔兰银行（Anglo Irish Bank）的股东们批评安永，没有发现该行向其董事长尚恩·菲兹帕特里克（Seán FitzPatrick）提供了高额贷款。爱尔兰政府后来以280亿欧元的代价，接管了盎格鲁爱尔兰银行，并指派一名调查员调查安永的审计行为。接着是2013年的双威事件，根据原告的指控，德勤"用自己的名声和品牌，为双威公司几乎完全虚假的财务报表提供了保证"。

会计师事务所审计中失察的重大舞弊事件还包括施乐公司的"财务造假"，以及TBW-殖民银行金融欺诈案（德勤和普华永道两家会计师事务所都没有发现该舞弊事件）。比尔及梅琳达·盖茨基金会为巴西国家石油公司贪腐案给其造成的投资损失，起诉了普华永道和这家巴西石油巨头。会计师与日俱增的审计失误，暴露出一个令人不安的事实：大部分舞弊事件都不是被审计人员发现的，通常是因为被监管机构、吹哨人、腐败调查委员会、新闻调查记者、

私人侦探、赏金猎人、保险机构、警察、法院、独立投资人、专业
调查研究机构、社会活动家甚至学生等其他人揭露而曝光。所有这
些非审计人士和机构都在发现和揭露企业的欺诈舞弊和不当行为方
面，有着令人印象深刻的表现。

2010 年，超级空头乔·卡尼斯爆料，注册在中国香港地区的私
营企业 China Integrated Energy 旗下一家宣称正在"开足马力"生
产的生物柴油工厂，实际上已经停工数月。该公司是毕马威的审计
客户。专业调查研究机构浑水公司则曝光了安永的审计客户——嘉
汉林业的财报造假行为。美国国际集团的重大财务欺诈行为，则是
被美国证券交易委员会揭穿的（可能是在其收到举报后）。美国证
券交易委员会还揭露了泰科国际的首席执行官伙同首席财务官虚
增公司 5 亿美元营收，并盗用公司 1.5 亿美元资金的丑闻。在舞弊
最猖狂的时候，泰科国际的 CEO 丹尼斯·科兹洛夫斯基（Dennis
Kozlowski）甚至豪掷 200 万美元为妻子举办了一场豪华生日派对，
并邀请吉米·巴菲特⊖在生日派对上进行了现场演奏。

一些备受瞩目的反贪腐举报人，来自四大的内部。例如，卢森
堡泄密事件的举报人就是普华永道的员工。一位安永前合伙人离职
后，公开指控安永协助一家迪拜黄金冶炼企业掩饰其买卖"冲突黄
金"的行为。因为担心四大作为责任和诚信的代言人的声誉已岌岌
可危，这些人士认为唯有切断与他们的四大雇主之间的联系，才能
更好地贯彻他们的原则。

---

⊖ 吉米·巴菲特是乡村摇滚的老牌传奇歌星、成功的商人和畅销书作家。——译
　者注

## 舞弊的揭发者

职业会计师最初所做的审计工作，大多具有浓烈的调查色彩。我们不妨回想一下威廉·德勤是如何发现 19 世纪英国铁路公司内部隐藏的欺诈行为的。对于新闻调查记者马克·史蒂文斯来说，普华事务所的名字会立刻让他联想到黑色电影<sup>⊖</sup>中侦探公司的画面。亚历山大·克拉克·史密斯创作了一系列小说，小说中的男主人公是一位会计师，也是一名"私人侦探和功夫高手"，他用自己的会计专业技能揭露了各种贪腐案件。在安达信内部，也流传着年轻的审计员麦克·盖格尔如何帮助客户发现资产被盗的传奇故事：在酷热的夏日里，麦克·盖格尔被派到俄亥俄州马里恩附近的一个堆货场，负责清点客户存放在那里的 100 万块砖块。但无论他怎么数，每次都发现少 10 万块砖。在盖格尔数完第三遍后，堆货场老板开始调查砖块短缺情况，这时候他才发现自己的副手每天晚上都到堆货场来，一车车地往外偷砖。

乔纳森·韦伯是一名反贪腐专家，也是《福布斯》杂志的专栏作家，他在 2016 年的文章中写道："投资人、客户、员工甚至供应商都依赖于（四大）合伙人的诚信。当一名审计师在报告上签下自己的名字时，所有相关各方都会认为审计意见中'真实合理'这样的表述，意味着被审计单位的会计账目不存在任何造假。"

在盎格鲁爱尔兰银行被政府施以紧急救助后，安永声称审计通常不会检查盎格鲁爱尔兰银行丑闻中涉及的这类美化年报和异常放

---

⊖　黑色电影是法国影评家尼诺·法兰克于 1946 年受"黑色小说"一词启发而创造出来的词，主要描述 20 世纪四五十年代好莱坞拍摄的犯罪电影。——译者注

贷等重大舞弊行为。与洛佩斯大法官"看门狗"的言论相呼应，四大的维护者们也试图辩解舞弊检查已经超出了正常企业审计的范畴。在 TBW-殖民银行金融欺诈案中，普华永道的首席辩护律师贝思·塔尼斯对《金融时报》表示："正如审计准则明确指出的，即便是设计合理、执行得当的审计也可能难以发现企业内部的舞弊行为，尤其是在殖民银行这种内部人士相互串通勾结、伪造文件以及管理层凌驾于控制体系之上的情况下。"

但是，如果因为审计师即使在对审计工作执行得当的情况下，也不能发现所有舞弊行为，就认为审计师不应被指望发现任何舞弊行为的言论，是荒谬可笑的。一系列审计过失案例都清晰地表明，舞弊是财务报表未能遵守财务报告准则或者不能"真实合理"地反映企业财务状况和经营成果的罪魁祸首之一。从某种意义上说，审计期望差实际上是财务报表使用者期望审计师承担的职责与审计师愿意承担的职责之间存在的偏差。由于审计准则绝大部分是由审计师，特别是四大会计师事务所自己编写的，所以援引审计准则作为审计师是否应免责的衡量标准或者可靠依据，是站不住脚的。

四大有时会辩称公众不能期待它们发现那些被刻意隐匿的舞弊行为，例如首席财务官主动布局掩盖自己欺诈行为的情况。然而，观察人士指出，发现隐匿的舞弊，就是指发现舞弊的意思。对此我们也非常认同，没有人会认为发现舞弊仅仅指发现那些显而易见、简单拙劣的骗局。

威斯·凯利参与了普华永道对殖民银行的审计项目。在 TBW-殖民银行金融欺诈案的一次庭审中，凯利在提交给迈阿密陪审团的一份录音证词中称，普华永道对殖民银行的审计完全遵循了审计准则的规定。他说审计准则要求在审计中考虑舞弊的风险，但并不要求审计师发现舞弊，"我们在风险评估时考虑了舞弊风险，但我们并没有设计相应的审计程序去检查舞弊，因为审计准则并没有要求我们这么做"。

审计质量中心（Center for Audit Quality）是美国注册会计师协会的下设机构，它进行的一项研究发现，外部审计师认为舞弊检查是被审计单位的审计委员会和董事会的职责。但是，如果说指望由数十名甚至上百名审计人员组成的审计团队检查舞弊都不合理的话，那又怎么能指望通常由三名兼职人员组成的审计委员会能发现舞弊呢？由于普华永道认为审计委员会的主要职责是"对审计人员的工作表现、独立性、客观性以及审计工作质量进行有效监督"，所以如果舞弊检查是审计委员会的职责的话，那么这个职责就必然会委托给审计师去执行。

四大中有些人对此持有更理智的态度。2007 年，普华永道全球主席丹尼斯·纳利对《华尔街日报》表示"审计行业永远有发现舞弊的责任"。尽管对审计期望差和过于宽松的审计标准有异议，监管机关和法院等问责机构都已准备好让会计师事务所对忽视白领犯罪负责。例如在 2008 年，英国联合纪律计划（UK Joint Disciplinary Scheme，JDS）因为毕马威在对破产的保险机构——独立保险公司的审计中，"未能执行专业的审计"，而强制要求该事务所支付了49.5 万英镑的罚款和 115 万英镑的支出。英国联合纪律计划发现毕马威在 2000 年的审计中，"未能对独立保险公司管理层提供的可疑信息进行审计核查"。

　　从某种程度上来说，关于舞弊的争论也反映了四大会计师事务所内部不同利益群体的矛盾：一部分是积极推销鉴证服务，希望增加事务所整体营收的合伙人；另一部分是负责审计执行的合伙人，他们清楚对传统的审计团队而言，舞弊检查工作是多么费时耗力。而关于审计范围的争论，是会计师事务所过去和未来的一个战场。

## 有限责任

　　在缩小审计范围的问题上，四大的动机强烈且明显。审计师在寻求减少审计出错时应承担的责任方面，也是如此。一些国家和地区已经通过制定法律，对审计师应承担的责任进行了限定。例如在新南威尔士州，法律规定审计师承担的责任最高不超过审计费的 10 倍。在法院明明有足够的能力确定和裁定审计师应承担的责任的情况下，制定这类法律的目的让人质疑。我们很难想象，除了审计师以外，还有谁会从这个责任上限封顶的法律规定中受益。这是不是又一次证明了四大会计师事务所和政府之间关系过密？

　　英国经济事务委员会在 2011 年指出，审计师责任上限封顶的规定可能会鼓励小型会计师事务所进入审计市场，同时也对审计师提供了保护："对审计师责任设定法定上限，有利于推动四大以外的会计师事务所参与竞争大型企业的审计业务，也有利于推动审计师提供财务报表以外的鉴证业务。"然而，四大却极有可能是此规定的最大受益者，这可能会引发"道德风险"问题，即会计师事务所受到的保护越多，会计师越倾向于冒险。

## 独立、冲突与"自我审计"

审计业务的独立性受损，即审计业务因受咨询业务影响而无法保持独立，可能是导致审计失职的第三个潜在因素。20 世纪 60 年代，普华事务所的管理咨询业务部即便提供的管理咨询服务范围有限（主要是管理架构、管理账户、行政体系、办公流程和自动化方面的咨询服务），"自我审计"的情形仍然让普华事务所的审计业务面临着诚信受损的风险。所谓"自我审计"，是指在会计师事务所同时向客户提供咨询服务和审计服务的情况下，审计师审计自己设计和协助客户建立的管理体系的情形。自我审计违背了会计和公司治理中不相容职责相分离的原则，也让审计师陷入了利益冲突的尴尬境地：审计师审计自己的工作可能会过于宽容，从而丧失客观独立性。

随着咨询服务范围扩大，事务所越来越难以拒绝利润丰厚的咨询业务，自我审计的风险倍增，这也是延续了半个世纪的热点问题。1965 年 Westec 的倒闭、1969 年全国学生营销公司的倒闭，以及 1970 年宾州中央公司和四季养护中心的倒闭，都提升了公众对审计师的独立性以及当会计师同时向自己的审计客户提供咨询服务时审计质量是否受损等问题的关注。1976 年美国参议院公布的梅特卡夫报告明确提出：会计师事务所开展咨询业务，违反了"审计师的独立性原则，应被联邦行为准则禁止"。

埃塞克斯大学会计学名誉教授普雷姆·西卡对此表示赞同："大型会计师事务所里，一个楼层的员工负责审计工作，另一个楼层的员工负责指导同一客户如何规避规章制度的要求，以及如何粉饰财务报表。无论发生什么，都不妨碍事务所赚到钱。"

如同我们之前所提到的，立法者和监管机构试图通过在审计准则和法规中增加独立性条款，解决审计和咨询业务之间的利益冲突问题。但是，会计师事务所一再违反这些规定。例如，2004 年，安永由于在对软件客户仁科股份的审计中违反独立性原则（安永一边审计仁科股份，一边向其他客户推销该公司的产品），受到美国证券交易委员会处罚——在 6 个月内禁止承接上市公司审计业务。2014 年，美国证券交易委员会指控毕马威在 2007 年至 2011 年期间，向其审计客户的子公司提供各种记账和管理咨询等非审计服务，违反了独立性原则。另外，毕马威的员工还被发现拥有被审计单位及其子公司的股票，损害了审计的独立性。为此，毕马威支付了 820 万美元的和解金。

四大为自己开展管理咨询和其他多元化业务进行辩护的言论，有时候听上去比较自私。这些辩护言论涉及员工发展、员工激励、客户服务以及其他纯粹实用性方面的理由。毕马威全球主席安茂德就曾谈及向客户提供"一站式"服务的好处："我们不仅能为您提供财务和税务方面的支持，还能帮助您解决人员、管理流程、IT 等所有问题。"多元化业务的维护者们也指出，不同业务领域之间可以产生特定的协同效应。独立审计公司的乔纳森·哈沃德为英国上议院开展的关于审计师职能及市场影响力问询提供了证据。2010 年，哈沃德对上议院委员会表示，"开展管理咨询工作，有助于审计师更好地了解被审计单位的运营情况、经营动力和管理压力，从而提升其审计工作能力"，熟悉被审计单位运营情况的审计师，在审计工作中不容易产生抵触情绪，因而更有可能"第一次就做对"。2011 年，特许公认会计师公会在后金融危机调查回顾中表示："我们不认为向审计客户提供税务咨询服务应该被禁止。对大多数公司来说，聘请另一家咨询公司来做税务相关咨询工作，不但成本高，而且也没有必要，它们自然不乐意这么做。"

在北岩银行被英国政府国有化后，英国下议院财政委员会调查了会计师事务所向审计客户提供咨询服务的情况，并提出质疑："这种行为，是否应该被禁止？"对于这个问题，由四大主导的审计实务委员会非常乐于给出否定的答案："安然事件之后，我们就审计人员利益冲突的问题征询了意见，并没有发现有全面禁止非审计服务的需求。"

## 压力下的初级员工

四大的年轻员工过着一种如狄更斯笔下小人物般的辛苦生活。在考虑了他们所有的无偿加班后，四大初级员工的时薪甚至低于比萨外卖员。然而，在审计出现问题时，真正陷入麻烦的，却经常是这些人。还记得中心地产公司财务丑闻案中的英雄，那位勤奋的普华永道年轻人吗，以及那位在 TBW-殖民银行金融欺诈案中，承担的工作职责远超其薪资职级的普华永道实习生？

如今，审计员接受的培训和这个职业都发生了倒退。很多审计工作，经常被安排给那些刚从学校毕业、还没有取得注册会计师或者执业会计师资格的大学生来做。这与医生或飞行员的情况截然相反，在医学和航空领域，通常只有最有经验和最有能力的人才会被委以监督和检查他人工作的重任。

四大对商业化的追求，也改变了初级员工的工作方式。除了日常的从众和服从于压力外，全面绩效考核体系的压力也让员工喘不过气来。不仅如此，会计师事务所的商业化利益导向，也增加了在四大工作的职业风险。员工们被教导在审计过程中要注重灵活性和妥协，并"被反复灌输以客户为先，可以忽视公众利益"的理念。在那样的环境中，长时间无休止的工作和紧张的项目时间要求，导致员工在工作中投机取巧。Bhanu Raghunathan、Caroline Willett 和 Michael Page 等研究者都注意到，审计员在极度紧张的项目时间高压下，往往会在工作中使用各种不合规的操作手段，像在审计完成前签署审计报告和伪造审计底稿等。这些违规操作被视为在四大基本的生存技巧，也是四大文化的一部分。

## 脆弱的根基

审计是积累四大诚实、正直声誉的核心业务，然而审计业务的信誉价值并不稳固。接连不断的审计失误表明，审计无论在实务操作还是理念方面，都相对薄弱。即使是曾经在五大会计师事务所中最负盛名的安达信，其名气似乎也主要建立在那些捕风捉影、虚无缥缈的逸事上。基于此，在安达信丑闻曝光后，其品牌价值在一夜之间便蒸发殆尽，也就不足为奇了。（2014 年，当一些勇敢的前安达信员工，将其重新组建的一家税务事务所命名为安达信税务后，安达信的声誉似乎又有所恢复。）⊖

---

⊖ 安达信税务成立于 2002 年，最初名为"WTAS"，2014 年更名为"安达信税务"。关于此次更名，该公司在官网中解释道："与 WTAS 一样，安达信税务是一家独立的全球性税务服务机构，且不提供任何可能会影响我们服务质量、可靠性或诚信度的审计业务。"

四大目前似乎也并不太在意去维护自己诚实、正直的声誉以及审计的品牌价值。在四大自我封闭的管理策略中，存在着共同的盲点。它们在事务所应该提供什么服务以及如何提供这些服务方面，做出了一系列饱受质疑的决策。它们赞助了一些初创企业，但这些企业进一步推进了四大审计工作的商品化，降低了审计工作的价值，并且反过来导致四大所面临的竞争更加激烈。它们低估了多元化业务的风险并对风险进行了错误的定价。它们通过建议集团客户剥离无关业务，"聚焦主业"，收获了丰厚的咨询业务利润，但同时自己却在执行激进的多元化发展战略。

四大存在这样的盲点也不稀奇。它们不是上市公司，不需要像上市公司一样接受审计。它们用各种规则来监督和约束其他公司，但对自己的经营活动却没有这样的要求。（这也解释了为什么四大有时提出来的一些审计原则过于教条和脱离企业经营的实际。）四大拥有不同寻常的企业架构与文化，它们所面临的挑战也相对独特。

## 成名

诸如萨班斯法和成立上市公司会计监督委员会之类的监管举措，或许能改善审计流程以确保审计质量。在安然和世通公司丑闻曝光后，社会开始关注审计师将被审计单位管理层视为客户的问题。按照萨班斯法的要求，企业的审计委员会才是"直接负责外部审计师的选聘、报酬和监督"的机构，外部审计师应该直接向审计委员会汇报。如今，审计委员会被进一步要求完全独立，有权聘请独立律师和其他外部顾问，以及有权制定流程处理有关会计和审计事宜。

　　然而，一个根本的问题在于，这些改革是否真正促进了对审计质量的关注。面对一个选用四大做审计师的审计委员会，人们很难去指责它做错了什么，就像"没有人会因为选择 IBM 而被解雇"一样。尽管有些学术研究表明，当企业必须重新编制或者发布财务报告时，企业的审计委员会要为此承担责任，但目前尚不清楚这些责任是否严重到足以让它重视对四大财务报表审计进行严格的监督，以确保审计质量的程度。

　　此外，我们也不清楚让审计委员会承担责任是否总能产生预期的效果。如果有迹象表明企业的财务报告存在问题，需要重新编制和发布，担心财报重编会对自己的职业声誉带来不良影响的审计委员会委员，也许会隐瞒并阻止此事的发生（就像审计员一样）。再者，我们能期望审计委员会做到什么程度？如果审计委员会委员自己不是训练有素的审计人员，他们如何评价审计师的工作？如果他们是审计人员，他们是否能有效监督自己的同行？或者他们是否也会使用期望差等理由为自己开脱？

　　上市公司会计监督委员会对会计师事务所定期检查的结果显示，不仅审计师本身存在不足，审计委员会在监督审计师工作的有效性方面也存在缺陷。如何克服这些缺陷？一个设想是让股东在外部审计师的选聘和去留方面有更多话语权。当然，许多司法管辖区，已经对审计委员会拟选聘的外部审计师，要求必须提交股东投票表决。在美国，对企业拟选聘的外部审计师，通常超过 98% 的股东都会投赞成票。但是，尽管股东赞成度很高，也很难说这个方案就有效。

首先，股东凭什么反对审计委员会挑选的审计师呢？股东无法接触审计师工作情况的详细信息，缺乏评判依据。他们唯一可以看到的审计工作成果是审计报告，但审计报告通常既枯燥乏味又信息量不足，因此难以作为选择审计师的依据。也许股东可以参考上市公司会计监督委员会的检查报告，以此作为反对聘用某家事务所的理由。但是，假如股东们真的这么做了，又会怎么样呢？审计委员会无非是提议再换另外一家情况差不多的四大会计师事务所罢了。

还有一个可能的参考依据是财务报告重新编制的统计数据。审计师干得怎么样？审计师有多大比例的客户必须重新编制财务报告？但是这个衡量标准也存在问题：举例来说，财务报告重新编制可能是因为某个勇敢的审计员站出来揭露被审计单位存在问题，从而迫使企业不得不对前期的财务报表进行更正。将企业财报重编作为审计师信誉不佳的证据，很可能会适得其反，导致审计师不愿主动报告财报中存在的虚假陈述，对财报造假纵容。而且，在企业以前年度是由别的事务所审计的情况下，这个衡量标准更不可靠。

理论上来讲，审计师有动力建立和维护自己诚信、正直以及勤勉、尽责的声誉，但实际上，这种动力并不强。外部股东虽然理论上是审计服务的主要受益人，但是他们几乎没有任何标准和依据可以用来评判四大工作质量的优劣。在后萨班斯法时代，审计委员会尽管被赋予了更多权力，但它似乎也没有能力或动力向审计师施加压力。因此，通过提供更高质量的服务以建立良好的声誉，并不如我们希望的那样有利可图。这一点，也体现在前述许多审计失败的案例中。

## 七宗罪

过去数十年中，对传统审计是否有效的质疑声音不绝于耳。批评者说，上市公司审计不仅经常无效，甚至有时还会适得其反。例如，传统审计可能会导致被审计单位不愿承担风险和进行创新活动，从而影响企业经营发展。处于信息劣势的审计师，可能会过多关注重要性程度不高的小问题（例如不重要的合规问题），而没有着眼于战略规划和影响企业生存发展的重大事项上，像被审计单位是否已充分发挥其潜力，或者被审计单位资金流动性是否充足等。审计有时还会导致被审计单位的经营管理变得更加"复杂和官僚"，让被审计单位采纳一些毫无必要甚至是降低其运营效率的制度和流程。

对审计的许多批评都集中在期望差上，即不同利益群体对审计能够达成和应该达成的目标的看法存在分歧。如同我们之前讨论过的，审计人员为了更好地控制自身风险和减少工作量，追求的是缩小审计范围，降低人们对审计的依赖程度。然而，企业主、投资人和管理层可能会高估审计结果的范围和可信赖程度，从而高估审计所能提供的保证程度。在这种情况下，审计反而可能会对企业的经营决策带来负面影响。

还有一种批评的声音则集中在审计人员可能会隐瞒、淡化或粉饰那些对被审计单位不利的审计发现上，特别是在审计人员对于被审计单位缺乏独立性的情况下。换言之，批评者担心审计人员可能会成为被审计单位的哈巴狗，而不是公众利益的看门犬。在当代大多数的资本主义国家，被审计单位都有权自主选择审计师。<sup>⊖</sup>但这种自主权也带来了一个商业悖论：如果某个审计人员的审计意见过于刺耳，那该审计员有可能失去后续参与审计该企业的机会，或者该审计员所属的事务所可能失去利润丰厚的提供咨询顾问服务的机会。在极端的情况下，审计人员可能会完全失去独立性，沦为被审计单位听话的下属。爱尔兰前政府官员奈德·欧基夫曾经形象地描述说："（审计人员）就是个笑话，他们的工作是在浪费时间。审计人员只会拍企业管理层的马屁，因为在我们的社会里，公司治理根本行不通。（审计人员）一点儿都不独立，但是他们的审计报酬却相当可观。"

　　四大的特许经营模式也让审计人员噤声的问题更加严重。某个审计项目对事务所全球范围内的业务规模而言可能不算什么，却可能是当地分所的主要收入来源。

　　还有不少批评集中在大型会计师事务所采用的工作模式上：事务所为降低成本，派出执行审计工作的是资历尚浅的初级员工，使用的是常规的方法和不符合被审计单位实际情况的工作模板，并且对于被审计单位的业务和内部控制流程仅选取少量样本进行测试。在对审计失败案例的研究中，最触目惊心之处莫过于，很多失败不是因为事务所内部不同业务板块之间的利益冲突，或者为了迎合管理层的要求，而是单纯因为审计人员的懒散态度导致的工作失职。审计人员未能执行应该执行的审计程序，包括未对估值进行测算，未对资产进行核查确认，未能了解被审计单位的业务模式等。这种懒散的工作态度也不难理解，因为在审计员对审计程序和方法拥有

---

　　⊖　我们将在第 14 章中讨论其他聘用模式。

完全自主决定权和信息优势的情况下，几乎没有人，包括那些关注审计的人，看得出审计员工作是否努力。

对审计最根本的抨击在于，在现代审计准则和法规的限定下，审计已沦为一种"安慰仪式"或"安抚程序"——一种空洞、肤浅、缺乏监督、不透明并且以利益为导向的活动，除了可能给审计师自己带来好处外，没有其他实际意义。对于四大而言，2008 年金融危机中出现的一个现象尤其令人不安：市场似乎已经知道四大在危机前出具的审计意见没有信赖价值。在投资人或储户急着脱身的那些日子里，尽管四大对诸如北岩银行、贝尔斯登和雷曼兄弟等大型企业刚刚出具了标准无保留意见的审计报告，但这些新鲜出炉的审计意见毫无意义，完全打消不了市场的顾虑。例如，北岩银行的标准无保留意见审计报告，根本无法阻挡 2007 年 8 月至 9 月储户对北岩银行的大规模挤兑行为。

20 年前，会计学教授迈克尔·鲍尔提出了"审计社会"的概念，作为理解当时审计业务飞速增长及其仪式本质的框架。在审计受抨击最猛烈的时期，监管机关、监督机构和审计类服务出现了爆炸式的增长，对审计员、调查员、审核员和评估人员的需求激增。在审计社会中，所有的政策困境或商业难题，都能够通过审计、调查或者审查来解决。随便一个无足轻重的政府机构、职业团体或者运动俱乐部都声称自己拥有调查的能力和权力。一轮检查引发新一轮检查，如此不停循环往复。鲍尔认为，这些现象增加了公司治理和发展的成本，并最终让整个资本主义付出了代价："审计社会对肤浅空洞的鉴证服务投入过大，牺牲了对其他组织智慧的开发投入，这也危及了审计社会自身的安全。"而四大，无疑是审计习惯、"审计业务大爆炸"和审计社会兴起的最大受益者。

宠物犬（毫无原则地服从被审计单位要求的审计人员）、懒惰（投机取巧）、扼杀创新、对不重要的事项吹毛求疵、教条和官僚、审计质量低于预期、空洞的仪式，以上这些批评，就是传统审计的七宗罪。这些批评令人警醒：审计有利有弊，但总体上看可能增加了社会的成本。审计是一项古老的技术，尽管目前已经根深蒂固，但很快可能就会迎来最后的有效期。

优秀的行业体系具有内在的创新和自我修正能力。近些年的审计丑闻和闹剧，都深刻揭示出审计体系缺乏充分的自我修正机制。审计活动即使不创造公共价值，也依然会继续存在下去。鲍尔关于审计危害社会的警告如今依然有效。如果审计是个笑话，那我们所有人都是笑柄。

# 第 11 章

# 准备起舞

## 四大税务业务的利益冲突

### 利用

保密是美第奇银行成功的基础，特别是在与教会相关的业务上。高级神职人员通过获得他人资助或者其他途径，大都积累了不少财富和资产（像分布在意大利境内外的豪华庄园）。教皇马丁五世的朋友赫尔曼·德维格主教虽然生活在"福音派的贫困精神中"，但也拥有 4 000 弗罗林金币。按照作家兼银行家克里斯·思金纳的说法，当时"35 弗罗林金币就可以支付一栋小别墅整年的租金"。每当有新教皇上任，神职人员都面临着自己的资产被新教皇肆意征税或者被没收充公的风险。针对这个风险，美第奇银行提供了解决方案：为神职人员建立一套秘密账户体系，并且无论教廷移居哪里，他们都可以随时存取。德维格主教的 4 000 弗罗林金币就存到了美第奇银行的账户里。20 世纪，保密也是大型会计师事务所得以成功的关键。

四大的税务业务主要起源于爱德华时代英国国王爱德华七世在位时期，当时的所得税复杂且税负沉重，因此税务合规和节税咨询就成为一项不可或缺的服务。如《末日审判书》那般简单的日子已经一去不复返。企业开始聘请会计师给它们提供最有效的税务建议，以获取更多利润。

20 世纪初，随着跨国公司的出现，一项盈利丰厚的新业务诞生，它能协助跨国公司处理各国的税务合规事宜并将跨国公司的整体税负降到最低。这项业务的关键是熟悉不同司法管辖区的税率，并熟练掌握税金的计算和征收。

## 惊人的增长

自此，我们进入了企业避税和"转移定价"的新时代。税务专家通过税收筹划，协助跨国企业将利润转移到低税率的国家或地区。它们协助跨国企业对不同国家和地区的材料、成品以及资金进行转移，制订有利于降低税负的内部转移定价。它们还通过让账面产生亏损、充分利用债务和折旧的税收优惠政策等方式进行避税。它们一些狡猾、自私的避税手法，让人不由得想起英国铁路狂热时期那段糟糕的时光。

转移定价本身并不邪恶。跨国企业本就需要对内部交易进行定价，以合理反映经营利润。它也不是什么新鲜事物，各种各样的转移定价操作早在几百年前就已出现。例如，美第奇银行和东印度公司就曾利用转移定价，在不同国家和业务部门间进行资金转移。但是，随着转移定价的使用范围越来越广泛，转移定价的滥用也引起了不少争议。然而，无论有争议与否，如今转移定价业务已经成为四大最丰厚的利润来源之一。

　　四大的税务业务是逐步建立起来的，过程颇为不易，但取得了巨大的成功。史蒂芬·泽夫写道："1965 年，在经历了 30 年的争论以及和法律界的漫长斗争后，注册会计师终于取得美国国会的批准，可以代表客户处理税务事宜，取得了里程碑式的成功。"直到1975 年，普华英国分所的税务团队规模都还不大，只有 10 名合伙人，日常工作也主要是协助客户计算税额和履行纳税义务等常规事项。但就是在这样薄弱的基础上，普华英国分所的税务业务取得了惊人的增长。2015 年，在普华永道英国分所 28.1 亿英镑的年度总营收中，有 7.14 亿英镑的营收来自税务业务。如今，会计师事务所在全球避税产业中已经占据了主导地位，帮助许多像谷歌和宜家这样的跨国企业巨头最大限度地降低税负，使它们能为获取的庞大利润只缴纳很少的税金。

## 钻空子

　　2013 年，英国下议院公共账目委员会对那些在英国境内发生的避税行为中，大型会计师事务所扮演的角色展开了调查。委员会接受了四大提供的证据。四大认为国际税收规则过于复杂并且已经过时，需要进行修改才能跟上现代商业的发展。委员会在最终出具的调查报告中，对会计师事务所进行了谴责。有些大型跨国企业虽然在英国有大量的生意，但几乎不用交税。英国的税务部门正在进行的，是一场毫无胜算的斗争。

跨国企业为最大限度地降低税负，不惜投入大量资源。它
们在如何充分利用国际税收规则，以及在全球范围内如何设立
不同组织架构以降低税负方面，都有巨大的咨询需求。四大的
税务咨询业务在全球拥有约 9 000 名员工和高达 250 亿美元的
营收，其中有 20 亿英镑的营收来自英国。与四大相较，英国
税务海关总署的资源则少得多，单在转移定价领域，四大的员
工人数就是英国税务海关总署的 4 倍之多。

为了赚钱，四大无所不用其极，像使用拖延案子并赌最后可能
会收到对自己有利的裁决等充满争议的投机手段。被巨额税收损失
困扰的英国税务海关总署，考虑禁止让有避税行为的企业获得政府
业务合同。当四大坚称它们已经不再像十几年前那样向客户提供激
进的避税方案时，委员会质疑道：

尽管情况可能真如四大所言，但我们认为四大只不过改
变了向客户提供的避税手段而已。四大虽然在内部对税收筹
划和激进避税策略划定了明确的界限，但这并未能阻止四大
继续向客户提供那些如果被起诉可能仅有 50% 胜诉机会的激
进避税方案。同时，英国税务海关总署由于不得不顾虑漫长
的法律纠纷对纳税人带来的影响，所以监管行动也受到了一
定的限制。显然，事务所和避税企业似乎正是钻了这个监管
的空子。

四大的税务咨询部门在英国雇用了数千名员工，其中大约 250
人是转移定价专家，而与之形成鲜明对比的是，英国税务海关总署
的转移定价专家仅有 65 人。

## 旋转门

公共账目委员会尤其谴责了事务所和政府之间的亲密关系，因为这种关系让人感觉事务所"对税收制度施加了不当影响，并从中谋利"。四大承认它们会向税务管理机关委派专家担任临时专业顾问，以"对税法改革提供技术性支持"。之后，这些专家又会向跨国企业提供咨询服务，指导企业如何在新税法下更有效地安排企业税务事宜。对于委员会来说，事务所的上述操作存在严重问题："事务所的身份在偷猎者—守护者—偷猎者之间像旋转门一样来回转换，那些四大委派的专家，在结束政府临时顾问工作回归事务所后，又转而成为客户的顾问，建议客户如何利用这些法律规范避税。"会计师事务所这种既担任政府税收政策顾问又担任企业税收筹划顾问的矛盾身份，存在明显的利益冲突。

例如，毕马威曾经委派员工，协助政府在税收领域制定受控外国公司<sup>⊖</sup>和专利盒制度<sup>⊜</sup>，并将其作为一个卖点，在自己的税务服务推广中进行宣传。毕马威宣称，它能够根据这两项自己参与制定的新税收制度，帮助客户降低税负并为客户设计一套"合理的费用分摊"模式。

同样的"旋转门"情形也出现在美国和欧洲大陆。例如，普华永道前员工、税务专家乔治·曼欧诺斯曾被借调到美国财政部工作，协助政府设计了2004年的《美国就业机会创造法案》（2004）

---

⊖ 受控外国公司：是指由本国居民作为股东直接或间接控制的外国公司。——译者注

⊜ 专利盒制度规定企业转让知识产权等取得的收入适用较低的税率还是免税。——译者注

第 199 节，这是"一节不太起眼的税收优惠规定"，却被包括女式内衣品牌维多利亚的秘密在内的许多企业广泛利用。曼欧诺斯回归普华永道后，被晋升为合伙人，负责指导客户如何有效利用第 199 节的税收优惠规定节税。（另一个关于事务所和政府亲密关系的例子是，于 2007 年出任澳大利亚总理的陆克文，在 20 世纪 90 年代末期从政府机构离职和开始从政之前的过渡时期，曾在毕马威担任过顾问。）

欧洲的批评者们表示，这种在事务所和政府之间来回穿梭、转换身份的行为，破坏了政府为监督企业行为和保护税基所做出的努力。这些批评声音和英国公共账目委员会的发现为我们勾勒出一幅现实的画面，让我们意识到四大已经远离了守护公众利益、维护企业良好治理环境的职业形象。这幅画面中的"欺诈的敌人和诚信的守护者"在哪？

## 骗局

同审计员一样，四大的税务专家也经常陷入麻烦之中。

歌手肯尼·罗根斯和威利·纳尔逊是普华事务所的两名高净值客户，他们在 20 世纪 70 年代末期到 80 年代早期，将自己的资金转入由洛杉矶第一西部证券公司经营的一个避税计划中。这个避税计划以政府背书的证券为基础，旨在产生大量的纳税减免，减免额甚至是投资于避税计划金额的数倍。当美国国税局否决了该避税计划所期望的纳税减免时，由于普华事务所曾经对第一西部证券公司进行过尽职调查，部分客户以工作失职为由起诉了普华事务所。在其中的一桩案件中，法院查阅了普华事务所税务专家托马斯·沃尔什的工作笔记，他在 1979 年参与了对第一西部证券公司的尽职调查。他的笔记证实了客户的指控。例如，他在笔记中写道："我认为这些交易最大的问题在于其真实性，是否只是一些纸面交易。"在另一份笔记中，他记录了第一西部证券公司的电脑程序员罗伯特·克莱默对这些交易的看法，克莱默认为这个避税计划就是个"骗局"。

20 世纪 90 年代到 21 世纪初，全球最大的重型机械制造商卡特彼勒公司以 5 500 万美元的代价，聘请普华永道为其设计了一项税务安排，将卡特彼勒公司在美国产生的利润转移到瑞士，据说这个税务安排在 10 年左右的时间里能为卡特彼勒公司节省超过 24 亿美元的税金。普华永道的合伙人托马斯·奎恩参与了这个税务安排的设计。在税务安排的细节曝光前，奎恩写信给同事，指导其如何进行具体操作：他们需要为这个安排"编个故事"，并且让卡特彼勒的美国管理总部和公司在瑞士的零配件业务之间"保持距离"。"准备起舞吧"奎恩热情地写道。同事极具讽刺意味地回复道："管他呢。有人审计这个事情……的时候，我们都退休了……让我们这代人尽情游戏，所有麻烦都留给后辈来解决吧。"

2005 年，美国司法部指控毕马威"滥用"和向客户推销"具有欺骗性的"避税手段。毕马威承认自己触犯了法律，协助富人逃避掉 25 亿美元的税金。毕马威向其高净值客户销售的避税方案，名称由"各种字母缩写"组成，像 FLIP、BLIPS、TEMPEST 和 OTHELLO 等。最终毕马威同意支付 4.56 亿美元的罚款及和解金，以换取与美国司法部和国税局达成延迟起诉的协议。这是一份具有历史意义的协议，挽救了毕马威，阻止了四大变为三大。总检察长阿尔贝托·冈萨雷斯坦承，毕马威倒闭的代价太大，社会承受不起。例如毕马威倒闭会造成系统性影响，会伤害毕马威体系其他分支机构的无辜员工，就像当年安达信倒闭一样。冈萨雷斯表示，这份延迟起诉协议要求毕马威"承担责任、修正犯罪行为，同时保护无辜的员工和他人免受司法裁定的伤害"。

只要毕马威遵守协议的约定，就不会面临犯罪起诉。它必须服从协议对其税务业务的永久性限制，必须配合政府对涉嫌销售违法避税方案的人员进行追查。在解雇了几名被指控违法的合伙人后，毕马威还同意协助管理当局起诉避税方案的设计和销售人员，包括毕马威的前副董事长和 6 名前合伙人。同时，毕马威还加强了内部管理和风险控制。然而，后续的起诉案件并没有因此而停止。

2013 年 11 月，公益组织"行动援助"（ActionAid）<sup>○</sup>指控德勤建议大型企业利用印度洋小国毛里求斯作为避税地，逃避可能高达数亿美元的税金。2015 年，加拿大税务局指控毕马威向客户销售逃税方案，税务局声称毕马威设计的税收架构，实质上就是一个企图欺骗税务部门的"骗局"。美国法院和国会收到的证据也表明，四大完全清楚它们为客户设计的税务安排存在违法的风险。美国参议院的一份调查报告描述了一名毕马威的高级税务顾问"如何怂恿毕马威无视美国国税局对避税地进行登记的规定"。这名税务顾问还计

---

○ 非政府组织"行动援助"是一个以消除全球贫困为宗旨的公益性国际联盟组织，1972 年成立于英国，2004 年秘书处迁至南非。——译者注

算了对应的罚款成本，"每 10 万美元税务业务收费对应的罚款不超过 1.4 万美元。对于平均每单 36 万美元的收费而言，罚款最多 3.1 万美元"。但是，他忘记了，事务所名誉受损的代价，却不是可以简单用货币来衡量的。

## 不同的理解

在他 1966 年撰写的英格兰及威尔士特许会计师协会历史中，哈罗德·豪威特爵士回忆了一件发生在世纪之交的事件，该事件涉及一份特别糟糕的审计报告。被审计公司的董事长是个声名狼藉的家伙，后来被捕入狱。在该公司的年度股东大会上，审计报告会被当众进行宣读。然而当会议进行到宣读审计报告的环节时，"一些形迹可疑的人"就像接到暗号般开始"大声提问……各种不相关的问题。这种干扰导致审计报告宣读的过程中，没有人能听清一个字"。

随着时间的推移，这种拙劣的伎俩已经不起作用。进入 21 世纪后，企业的经营环境变得像玻璃鱼缸一样透明。审计报告、年度报告、招股说明书以及其他财务和商业文件都被发布到互联网上，可以随时查阅。企业经营分析文章，也大量刊登在各种商业期刊和主流媒体中。企业的任何一点信息都可能被分享、评价并引起讨论。并且，信息泄露事件，也越来越频繁发生。

信息透明化浪潮正在席卷世界上所有晦暗和隐秘的角落。无论是孤儿院、海军舰艇，还是税务顾问的办公室，都毫无秘密可言。在这种透明的新环境中，信息泄露情况很难杜绝。企业的经营情况透明得一览无余、欺诈行为很难再被隐藏成为新的现实。

员工、股东和其他利益相关方有无数简单的新方法可以用来曝光企业的缺陷或他们不赞成的企业行为，并且社会对信息曝光事件，也有了新的道德评价标准。例如，在 2017 年的中情局泄密事件发生后，中情局前局长迈克尔·海登曾经抱怨中情局内部年轻一代专家对待保密的态度："为了开展（监控工作），我们不得不从特定年龄人群中招募人员。我完全没有评判他们的意思，只是说千禧一代⊖相关群体对忠诚、保密和透明这些词的理解，肯定与我们这代人完全不同。"在维基解密⊜和匿名时代，信息透明化已经成了社会常态。

像美第奇银行一样，四大税务业务的成功依赖于行事谨慎和保密，而如今的信息透明化，正在削弱这个根基，四大向客户提供的避税方案和税负最小化方案已经很难再被保密。税务顾问内部泄密，避税企业内部泄密，避税方案执行人、监管人或者黑客泄密，税务当局或其他政府机构进行的正式调查等，都能导致四大的避税操作被曝光于天下。

在如今这样一个对企业行为和顾问意见监督更加严格的透明世界中，过去的转移定价和避税方案已经很难再起作用。与过去相比，虽然如今搭建避税天堂更加易如反掌，但对搭建避税天堂的人来说，却面临着前所未有的风险。就像卢森堡泄密事件所揭示的那

---

⊖　千禧一代，是指出生于 20 世纪且 20 世纪时未成年，在跨入 21 世纪以后达到成年年龄的一代人。——译者注

⊜　维基解密是指通过协助知情人让组织、企业、政府在阳光下运作的、无国界、非营利的互联网媒体。——译者注

样，已经不再有任何商业服务，可以依靠保密取得成功。

## 泄密

2013 年，爱德华·斯诺登泄露美国国家安全局数千份机密文件的事件，让四大看得胆战心惊。斯诺登是在为国家安全局的外包商博思艾伦咨询公司工作期间接触到的这些文件。斯诺登泄密事件发生后，博思艾伦公司的股价应声下跌，公司的声誉也受到严重影响。对此，四大内部一致的反应是"感谢上帝，他不在这里工作"。2017 年，当维基解密网站曝光了大量中情局文件后，外包商又一次成为众矢之的。维基解密的泄密人身份及其雇主公司的信息等细节仍有待进一步发掘。但是，随着大量的四大员工和外包商积极为全球各地的军队和安全部门提供咨询顾问服务，四大迟早也会遭遇斯诺登这样的泄密事件。

与 2017 年的天堂文件事件以及 2016 年的巴拿马文件<sup>○</sup>事件一样，2014 年的卢森堡泄密事件也反映出在如今这信息透明的世界中，隐秘避税已不可行。在卢森堡泄密事件曝光的第一批文件中，548 份涉及跨国企业的避税安排被公之于众。普华永道主导了这些税务安排，代表客户与卢森堡税务机关沟通并获取税务机关的税收优惠裁定，因此在丑闻曝光后，首当其冲。然而，后续曝光的文件显示，另外三家事务所也和普华永道一样，利用当地税收优惠裁定协助客户避税。

---

○ 2016 年的巴拿马文件揭露了全球权贵、政要、名人利用离岸公司隐藏资产，一度震惊全球。——译者注

在卢森堡这样一个只有大约 60 万人口的小国中，四大建立了庞大的税务咨询业务体系。它们在当地合计雇用了多达 6 000 名员工，相当于每 100 个卢森堡人中，就有 1 个人为四大工作。截至 2013 年 6 月，仅普华永道卢森堡分所一家，就取得了高达 2.76 亿欧元的营收。

卢森堡泄密丑闻的起因是普华永道员工安东尼·德尔图和拉斐尔·哈雷特向记者提供了超过 3 万页的机密税务文件。在巴拿马文件事件发生前，卢森堡泄密事件是史上规模最大的企业税收交易曝光案。这些被曝光的文件揭露了埃森哲、巴宝莉、联邦快递、亨氏、宜家、百事和希雷制药等大型跨国企业与卢森堡税务机关达成的税收安排，共有 343 家大型企业利用卢森堡的税收优惠裁定大幅降低其应纳税额。乐于助人的卢森堡税务机关审批这些税务交易安排，就像盖橡皮图章一样轻松。泄密事件涉及的很多企业如宝洁和摩根大通等，都是四大的长期客户。

英国广播公司的时事节目《广角镜》（*Panorama*）、法国电视二台（France 2）和《私家侦探》（*Private Eye*）杂志接获这些文件后，曝光了整个事件。国际调查记者联盟随后也对此展开了调查，并于事件发生两年后公布了调查结果。普华永道被指控为客户安排避税交易，并且对于客户的违规行为装聋作哑、视而不见。在卢森堡法院对泄密事件的庭审中，吹哨人被指控违反了雇佣协议以及卢森堡当地的保密法律。

2016 年 6 月，法院认定德尔图和哈雷特有罪，并对两人分别判处了 12 个月和 9 个月的监禁（全部缓期执行）。普华永道和检方曾请求法院延长这两名事务所前员工的刑期，坚称他们是小偷而不是吹哨人。在上诉后，法院维持了对他们两人的有罪认定，但减轻了量刑。在信息开放度方面，公共会计应该是完全透明的，但在卢森堡泄密事件中，普华永道站到了这个原则的对立面。

## 税务透明

即使没有发生信息泄露事件，政府之间近来也在加强合作，打击滥用转移定价逃避税收的行为。经济合作与发展组织正在推动大型跨国企业向其所在地司法管辖区的税务机关提供国别报告<sup>⊖</sup>，包括在不同司法管辖区的收入、员工数量、税前利润和缴纳税金等信息。经济合作与发展组织认为这些（相对）简单的信息能显示这些跨国企业雇用员工、开办工厂、产生收入的真实经营地，和它们所宣称的利润来源不同，后者通常是企业为了实现税负最小化而设置的，并不是出于真实的商业需要。但是，随着提交国别报告的规定在不少司法管辖区正式执行，将国别报告信息公之于众的呼声也越来越高。

短期来看，国别报告可能会让四大受益，因为企业为在短时间内应对新的报告披露要求，增加了对四大服务的需求。但就长期而言，国别报告所带来的信息透明化对四大非常不利。在各司法管辖区对避税行为通力合作进行打击的情况下，通过激进的利润转移手段避税越来越难，尤其是在避税规模庞大的情况下。四大在协助

---

⊖　国别报告是跨国企业集团应该向税务机关报告的信息，主要内容包括集团所有成员实体的全球所得、纳税和业务活动的国家分布情况。——译者注

企业避税方面所起的核心作用，进一步损害了其维护公众利益、正直、诚信的声誉。

## 公众利益

四大设计的避税方案，让政府和纳税人每年损失超过 1 万亿美元的税金。四大的这种掠夺性行径，被广泛谴责。然而，四大依旧乐此不疲地"从政府捞钱"。在英国《卫报》刊登的一篇评论文章中，普雷姆·西卡教授批评这些大型会计师事务所"通过编造虚假交易和经营亏损、设置虚拟资产，帮助客户逃税"。

事务所对这些批评置若罔闻，同时继续大肆拓展税务业务。例如，2014 年，普华永道发布了一款专为小型企业设计的线上退税工具"漂亮研发"（Nifty R&D）。在推出这项创新业务之前，普华永道基本不向小型企业提供税务服务，因为小企业的业务不够赚钱。

大型会计师事务所的现代史，也是一部职业价值观的变迁史，事务所由奉行正直、诚信转向追求商业利益。这种变迁，在税务业务领域表现得尤为明显。事务所提供避税服务的最鼎盛时期，也恰恰是会计行业商业化程度最高的时期。埃德温·华特豪斯做梦也想不到，四大在税务领域，会直接用名誉换取金钱。在一桩诉讼案中，德勤被指控在指导客户对税务亏损进行会计处理时，罔顾公众利益。然而，德勤的质量控制人员申辩说，客户利益才是税务顾问应该关注的重点。四大在税务咨询业务领域，最为彻底地出卖了自己的灵魂。

# 第 12 章

# 进入新市场
## 四大在中国

在中国，四大每年能获得数十亿美元的营收，一些中国最大的国有企业也成了四大的客户。但是，这样令人惊异的成绩也伴随着一些挑战。

2011 年，为东南融通金融科技有限公司（Longtop Financial Technologies）⊖提供审计的德勤发现自己最近遇到了麻烦。东南融通（Longtop），是一家在美国上市的中国财务软件公司，在财务造假被揭穿后破产。东南融通的董事长向德勤承认，"财务账上的现金造假"是"过去收入造假"的结果。可见，即使造假，也必须遵守复式记账法借贷平衡的原理。美国证券交易委员会要求德勤提交

---

⊖  东南融通金融科技有限公司是一家注册于开曼群岛的私人企业，2007 年在纽约证券交易所上市。2011 年，知名研究机构 Citron Research 发布调查报告，质疑东南融通金融科技公司财务造假。随后东南融通金融科技公司遭到美国证监会的调查，最终因涉嫌财务造假而被强制退市。——译者注

东南融通的审计工作底稿进行核查。但是德勤声称，按照中国法律规定，这样做将使德勤及其员工面临"被起诉的风险"。在美国证券交易委员会申请强制执行后，德勤想尽一切办法来解决这个麻烦。

2014年，在历经了两年的法律摩擦后，美国证券交易委员会和德勤联合申请从哥伦比亚特区地方法院撤诉。在中国证券监督管理委员会向美国证券交易委员会提供了其所需要的文件后（据说这些文件有二十多万页），僵局终于被打破，美国证券交易委员会发布了如下声明：

> 鉴于已取得大量相关文件、近期中国证监会就东南融通公司事件提供的协助，以及（德勤）声明将继续按照中国证监会要求提供东南融通公司相关审计资料，美国证券交易委员会认为，当前没有继续进行司法程序的必要。

但是，如果美国证券交易委员会发现德勤提交的文件不够充分的话，也不排除将来继续采取法律行动的可能。在另一起案件中，一名美国证券交易委员会行政法官判处所有四大中国分所暂停在美执业6个月，理由是它们没有按照美国证券交易委员会的要求，提交九家在美上市的中国企业的相关资料。针对这个判决，四大纷纷声称要提起上诉。

在中国香港，监管机构也加入了这种争端。中国香港市场和证券监管机构起诉安永，要求其提交审计标准水务公司（Standard Water）<sup>⊖</sup>

---

⊖ 标准水务公司注册地位于开曼群岛，主要在中国内地从事污水处理业务。该公司原计划在中国香港上市，但之后撤回了上市计划。——译者注

的工作底稿。香港证券及期货事务监察委员会（香港证监会）需要审查这些文件，以判断安永是否对标准水务公司执行了适当的审计程序。但是，安永声称自己并没有这些审计底稿，这些文件属于其位于中国内地的联营企业安永华明会计师事务所（Ernst & Young Hua Ming）。

在案件审理期间，安永声称中国内地禁止自己提供属于安永华明的审计工作底稿。但是，中国香港的法院和证监会一致认为对此并没有限制。安永对此提起上诉，认为法院裁定有误。2015 年，在向香港证监会提交了大量审计工作底稿后，安永终止了上诉。香港证监会借此机会提醒在港的会计师事务所，它们有义务按照证券及期货条例的规定，向香港证监会提交工作底稿。

即使要求交出的文件／记录乃由香港会计师事务所的内地联属公司或代理代为持有因而需取得内地批准，上述责任仍然一样。此外，会计师事务所有责任识别在内地持有的记录及就该等记录寻求批准。

香港证监会法规执行部执行董事施卫民（Mark Steward）认为："安永本来完全可以避免这场法律诉讼，如果它能够有效地整理保存在香港办公室的文件资料，并且在有需要的情况下，寻求内地批准提交其内地联营机构持有的文件资料。"而从下面这些案例中我们也可以看出，监管者对审计行为和审计底稿的担心，不无道理。

## 雅佳控股案例

雅佳控股 (Akai Holdings)<sup>⊖</sup>，成立于 1982 年，是一家在中国香港上市的电子公司。在该公司的鼎盛时期，年销售额超过 40 亿美元，拥有超过 10 万名员工和多个知名品牌，如雅佳电子（Akai Electric）和胜家缝纫机（Singer Sewing Machines）。1999 年初，该公司向股东宣称自己拥有价值 23 亿美元的资产。雅佳控股的审计由安永负责。

雅佳丑闻：2000 年 7 月，雅佳控股宣布全年亏损 17.2 亿美元，创下中国香港企业亏损额的历史最高纪录。《南华早报》发表了一篇娜奥米·罗夫尼克的文章，揭露了隐藏在雅佳控股巨额亏损背后的丑闻。罗夫尼克在文章中指出，雅佳控股创始人丁谓侵吞了公司超过 8 亿美元的资金，并通过伪造银行账户和投资的方式掩盖自己的资产侵占行为。

银行：雅佳控股的借款人，包括汇丰银行和渣打银行在内，对雅佳控股共持有 11 亿美元的债权，并且已获得法律许可，对该公司进行清算。

清算人：2001 年 9 月，负责清算的保华顾问公司在雅佳控股公司现场发现，"雅佳控股只有合计价值 16.7 万美元的货币资金和资产，没有员工，没有房产，没有商标，只有几箱账簿和文件"。公

---

⊖ 雅佳控股前身为善美（环球）有限公司，创始人是丁谓，1987 年在中国香港上市。2000 年，雅佳控股进入破产清算。2005 年，香港高等法院裁定，雅佳控股前主席丁谓两项伪造账目罪名成立，被判入狱 6 年。同时禁止丁谓在未来 12 年出任公司董事职务。——译者注

司留下的文件也"毫无用处"，主要是"过去的运输记录和进出口单据"。

真实的档案文件：当清算人要求安永提供雅佳控股的审计底稿时，遭到了安永的拒绝。直到 2003 年，在法院的强制命令下，安永才向清算人提交了审计底稿。即便如此，安永提交的底稿也不完整。于是清算人不得不再次诉诸法律。法官对安永提出了严厉的批评，指责安永"严重夸大了整理缺失的审计底稿所需时间和工作量"，安永"应该比其他人更了解自己的档案。在安永这样一个成熟的大企业中，竟然没有一个方便检索文件的有效档案管理系统，简直令人难以置信"。

诉讼：清算人就安永在雅佳控股案中的审计过失，对安永提起了诉讼，要求安永赔偿 10 亿美元。

审计：清算人的律师指控安永在对雅佳控股的审计中，并没有做什么实质性的审计工作。于 1991～1999 年间担任雅佳控股项目独立质量复核合伙人的孙德基，被曝在雅佳控股倒闭前的 3 年中，仅在雅佳控股项目上投入了 7 个小时的工作时间。罗夫尼克讲述了安永为何被指控在雅佳控股的审计中未执行适当的审计程序：清算人指出，安永审计员"没有编制审计中所必需的大量常规文件和档案，比如审计计划或详细的审计方案，同时，也没有文件表明审计员检查了雅佳控股的现金余额，或者审计了总账"。据说，安永也未寻求独立的外部证据，证实雅佳控股银行账户和投资的真实性。更糟糕的是，清算人指控安永伪造、篡改审计文件，并在法院审讯中使用这些伪造的"证据"。

拘捕：香港商业罪案调查科突击搜查了安永的办公室，并拘捕了负责雅佳控股审计的合伙人埃德蒙·邓（Edmund Dang）。邓后来在未被起诉的情况下获得保释。

和解：安永在法庭上态度强硬，始终拒绝承认审计失职。此案最终于 2009 年达成和解，用罗夫尼克的话来说，安永不得不"动用全球范围内的保险金"来支付这笔据猜测高达约 2 亿美元的和解金。

## 泰兴光学案例

在支付了雅佳控股案和解金后不久，安永立刻开始着手解决另一个中国香港客户的审计过失纠纷。泰兴光学集团（Moulin Global Eyecare）<sup>⊖</sup>于 2006 年倒闭，倒闭时公司负债高达 27 亿港元。清算人富理诚公司因安永在对泰兴光学审计中存在过失，要求其赔偿 2.5 亿至 3 亿港元。

泰兴光学宣称，自己每年为贝纳通、尼康等品牌生产超过 1 500 万副眼镜框架。然而，据说这些对外宣称的营收和业务规模都严重失实。罗夫尼克指出，富理诚公司告诉债权人"泰兴光学最大的四家客户之一，实际上是一家中餐馆，这家中餐馆位于内布拉斯加州只有 8 000 名人口的麦考克小镇上"。2015 年 7 月，香港商业

---

⊖ 泰兴光学集团，是注册于百慕大的一家私营企业，1993 年在中国香港上市，主要生产销售光学及眼镜产品。2005 年，泰兴光学因无力偿还银行债务被迫进入破产程序，成为轰动一时的恶性事件。其董事长马宝基因牵涉欺诈、虚报财务数据罪名，被中国香港警方逮捕。——译者注

罪案调查科突击搜查了泰兴光学的办公室。这仅仅是泰兴光学案和雅佳控股案之间若干相似之处的其中之一。雅佳控股案显然对安永造成了重大影响。"在雅佳控股案以后，"罗夫尼克总结道，"安永不希望再卷入因前客户造假而被指控审计失职的风波中。"在另一桩诉讼案中，泰兴光学的债权人起诉 2002 年之前负责泰兴光学审计的毕马威会计师事务所，并向其索赔 4.71 亿港元。

## 四大在中国的发展历史

下面我们将回顾四大在中国几个不同时期的发展历程。这个回顾中包含了我们自己的分析和经验，我们参考了伦敦政治经济学院会计学荣誉教授 Richard Macve、剑桥大学贾奇商学院 Peter J. Williamson 和普华永道前员工保罗·吉利斯的研究。保罗·吉利斯在普华永道工作了 28 年，其中大部分时间待在中国，后来为了研究四大在中国的发展历史而提前退休。

早在文艺复兴时期，中国商人就已经接触到了复式记账法，但是直到 19 世纪末，中国商业社会仍然习惯使用收付实现制。1905年蔡锡勇出版的《连环帐谱》和谢霖、孟森于 1907 年出版的《银行簿记学》是将复式记账法与中国传统的记账方式相结合的重要尝试。1916 年，中国银行正式采用复式记账法。

四大最初在中国的发展历程与在美国类似。为方便向在中国营业的英国公司提供服务，英国的会计师事务所开始到中国开办分支机构。20 世纪初，商业化程度最高的两个中国城市——香港和上海，成为中国会计行业发展的主要阵地。罗宾咸会计师事务所（Lowe &

Bingham）于 1902 年在香港成立，1906 年进入上海，并最终成为普华永道中国的成员所。哈士钦斯和塞尔事务所则于 1917 年来到上海。

在中国，执业注册会计称呼自己为会计师，这个称呼在英文中被翻译为"chartered accountant"⊖，并且因此引起了一些争议。保罗·吉利斯讲述了在 1925 年 4 月，英国大使馆曾写信给国民政府，抗议中国会计师使用"chartered accountant"这个称呼，认为这不但容易引起混淆而且不合理，因为在英国只有符合严苛标准的会计人员，才能成为"chartered accountant"。

国民政府回应说，英国执业注册会计在中国也称呼自己为会计师，并且中国的会计师一样要符合严苛的筛选标准。"另外，"中方还幽默地补充说，"如果英国会计称自己为'certified public accountant'，他们可能会收到来自美国的抗议。"

## 四大的本土化

自中国实行改革开放政策以来，国外的会计师事务所开始被中国内地所展现的巨大商机所吸引。尽管当时会计界的八大事务所还未被允许在中国内地开展审计业务，它们已通过在中国内地设立代表处，向参与中国内地这个新兴开放经济体的外资企业提供顾问服务。八大事务所的代表处主要设在北京饭店和建国饭店，并由中国外企人力资源服务公司（Foreign Enterprise Human Resource

----

⊖　即特许会计师。

Services Company）等机构为其提供和管理当地员工。

中国香港的情况略有不同。1997 年以前，在中国香港的大型会计师事务所，特别是普华事务所和毕马威，几乎垄断了其审计市场。1988 年，四大在中国香港的市场占有率高达 87%。

1992 年，中国内地市场开始对外资事务所开放。尽管在中国内地开展业务需要与内地的本土事务所组建合资企业，但这些"大所"仍然迅速在对外投资和首次公开发行（IPO）领域占据了主导地位。

当时外籍合伙人在中国内地没有受到监管，同时，他们也没有资格在中国内地签署审计报告。事务所暂时安排由内地的本地合伙人代替外籍合伙人签署报告。

在中国内地站稳脚跟后，四大纷纷为自己取了中文名字。PwC 选择了"普华"这个名字，这两个汉字的发音与 PW 最为相似。并且，"华"在中文中经常指代"中国"。同样地，Ernst & Young 给自己取名为安永，Peat Marwic 则将自己的中文名确定为毕马威。

中国加入世贸组织后，四大获准在中国单独开展业务。吉利斯讲述了这个政策是如何为四大开启了新的商机，并激发了四大开拓中国市场的热情。很快，四大在中国都成长为拥有超过 4 000 名员工的大型企业，并且"开始谈论在不久的将来，中国分所将会赶上美国分所，成为四大全球网络中的中坚力量"。虽然四大最初在中国主要服务外资企业，但当政策放开后，中国本地企业很快成了四大收入的主要来源。

中国认识到发展市场经济需要学习西方的会计操作经验。早在

20 世纪 90 年代，中国的财政部和世界银行就曾聘请德勤和普华永道，协助中国建立了与国际标准接轨的会计准则、继续教育和监管体系。到 2006 年，中国已经广泛采用了国际财务报告准则。

中国快速发展的工业化和商业化，导致会计人员供不应求。2008 年，德勤的一名代表指出，中国内地需要 35 万名合格的会计师，虽然少于美国当时超过 60 万的注册会计师数量，但仍然远远超过中国注册会计师协会仅有的 13 万名会员数量。

会计人员供不应求的一个结果便是事务所之间的公然挖角。安永中国主席胡定旭表示："除了用更高的薪水从其他事务所挖角外，我们别无选择。"经济和人口分布的不平衡，加剧了会计行业人员供应的紧张情况。在中国经济突飞猛进发展的时期，接受过专业财经教育和培训的人并不多，他们在企事业单位都有大量工作机会，因此事务所的员工留存率相对较低。

## 监管机构的立场

在类似东南融通这样的案子中，中国已经明确表示了对其他司法管辖区监管机构的立场。中国证监会指出，"外国监管机构在中国领土上执法"，是"对中国主权的侵犯"。对外国监管机构的禁令，也包括禁止美国公众公司会计监督委员会到中国对在中国执业但在美国注册的审计人员进行审查。

2009 年，在一封对美国证券交易委员会监管规则提议的回函中，中国证监会明确表达了自己的立场：

我们的立场保持不变，即跨境监管必须遵循尊重彼此主权
与平等合作的原则……为了应对由于在对方国家上市所产生的
跨境监管问题，中国证监会和美国证券交易委员会应在现有监
管合作的框架内和平等的基础上携手合作。因而，对中国会计
师事务所的监管属于中国证监会的职责……在中美双方达成任
何共识前，我们强烈反对美国公众公司会计监督委员会对中国
会计师事务所进行审查。

## 合力

2007 年，中国注册会计师协会在《关于推动会计师事务所做大
做强的意见》通知中，提出了新的战略发展规划："用 5 至 10 年的
时间，发展培育 100 家左右具有一定规模、能够为大型企业和企业
集团提供综合服务的事务所，在此基础上，发展培育 10 家左右能
够服务于中国企业'走出去'战略、提供跨国经营综合服务的国际
化事务所。"如果国有大型会计师事务所能够为海外上市的中国大
型国有企业提供服务，则"国家经济信息安全"将会得到更好保护。
国务院接受了中国注册会计师协会关于发展"中国十大"的建议，
并将其确定为政府的官方政策。

保罗·吉利斯持续跟踪收集中国境内大型会计师事务所的营收
情况，他提供的数据表明，新政策已经产生了效果。截至 2015 年，
尽管按照最新的收入排名，普华永道位列第一，但吉利斯认为普华
永道可能很快就会被目前排名第二的瑞华会计师事务所反超。德
勤、安永和毕马威分列第四、第五和第六位（排名第三的是中国本

土的立信会计师事务所），但它们的市场占有率已经在连年下滑。

　　因此，在审计领域，尽管四大在中国香港享有传统的优势以及自 20 世纪 80 年代以来取得的来之不易的地位，但在中国内地，这个充满着各种商机并将很快成为全球最大经济体的地方，四大可能将会第一次跌下神坛。

THE BIG FOUR

# 暮　　年

　　四大在发展进程中经历的各种挑战和灾难，带给我们很多启示。在本书第四部分，我们将通过总结这些教训来探讨四大的未来，以及在历史和现实的共同压力下，四大会如何被迫发生根本性的转型。这些压力包括技术变革、监管行动和颠覆性竞争，它们可能会影响四大的员工、所有权、组织架构、全球网络、所提供的服务和所使用的工作方法。方法上的变革已经对四大产生了重大影响，改变了咨询、审计和税务服务所使用的基本技术。

　　在本部分的最后一章，我们将重返文艺复兴时期的佛罗伦萨和美第奇银行的历史，探讨一个国际化、多元化、分支机构众多的组织如何一步步走向衰亡。

# 第 13 章

# 颠覆
## 技术落伍

## 现实

如今会计行业是创新的热门领域，创新对四大的影响深远且复杂——会计行业的格局正在经历多方位的快速变化。

四大的先辈们都曾见证过大规模的经济变革。当火车取代运河和马匹，成为主要的货物运输渠道时，它们在场；当汽车取代马匹和马车，成为主要的交通方式时，它们也在场；当电动汽车出现并有希望最终取代燃油车时，它们依然在场。如今，四大的主要业务领域和客户都在经历着剧烈的数字化革新。这场数字化革新，推动了廉价航空和网络零售等新业态的诞生，催生了新的旅行、住宿、金融服务和房地产买卖支付方式，带来了新的公用事业、教育和医疗服务提供方式，四大也直接从中受益。如今，轮到会计行业和四大，成为变革的主角。

Accodex$^\ominus$是一家新型会计师事务所，它利用会计行业出现的各种新趋势，包括商业模式创新和运用先进的 IT 技术等科技手段，来"普及商业智能服务"$^\ominus$。得益于其先进的云技术和位于马尼拉的后台管理系统，该事务所在 2015 年澳大利亚会计奖（Australian Accounting Awards）的评选中，荣获"澳大利亚最佳创新企业"的荣誉。当前，至少有数百家与 Accodex 类似的会计师事务所如雨后春笋般在世界各地出现，并且有不少四大前合伙人和员工在为这些事务所工作。如今，新兴会计师事务所的数量，如同萨缪尔·普莱斯身处的会计行业鼎盛时期一样多。

## 零工经济

修马林·奈杜（Shomalin Naidoo）为毕马威澳大利亚分所开发了一个名为"毕马威市场"（KPMG Marketplace）的线上平台。毕马威可以在该平台上发布自己暂时没有项目任务的"板凳员工"信息，并提供折扣价格，供有临时人手需求的客户选择。该平台旨在提高毕马威的员工利用效率，同时平滑会计行业特有的周期性对人力资源的需求波动。就在该平台即将上线时，奈杜跳槽到了普华永道，负责为普华永道开发"任务中心"（Task Central）平台，该平台的目标是：

我们通过探索咨询服务营销、招揽客户以及获得订单的新模式，对服务业态进行变革。

---

$\ominus$  Accodex 创立于 2015 年，它依托云平台，使自由职业的会计师可以在该平台上管理会计事务。——译者注

$\ominus$  商业智能服务有助于把客户和运作数据转化为知识，使企业做出更佳的决策，赢得市场竞争优势，控制现金流，察觉欺诈，降低成本。

我们的解决方案是为咨询公司和客户提供一个能够直接匹配双方需求的一站式平台。无论是国际知名咨询公司还是本地咨询机构，都可以在平台上发布自己的服务内容和价格，供有需要的客户进行选择。

同时，企业也可以在平台上发布自己的短期项目和临时用工需求，并会在 24 小时内收到各专业咨询机构的报价回复。

"任务中心"的灵感部分来自"零工经济"⊖和交易性用工平台，如 Freelancer.com、Work Market、DesignCrowd 和 Task Rabbit 等。Work Market 声称使用自己平台的客户，在工作质量和经营效益提高的同时，劳动用工成本下降了 30%～50%。这些新型的平台经济让供应商提供的服务更加透明，让客户选择供应商变得更加简单，对四大传统的商业模式造成了根本性的威胁。

这些新兴的平台，着重于实现对劳动力和供应商的有效配置，实质上是打造了一个提升供需双方双向选择效果的"配对市场"。其他的一些新业态，则在更深层次上，改变了会计服务的提供方式，以及会计服务本身。

## 大数据

科技型审计是指将诸如人工智能、机器学习⊜和"大数据"等先

---

⊖ 零工经济是由工作量不多的自由职业者构成的经济领域，利用互联网和移动技术快速匹配供需方。——译者注
⊜ 机器学习有下面几种定义：①机器学习是一门人工智能的科学，该领域的主要研究对象是人工智能，特别是如何在经验学习中改善具体算法的性能。②机器学习是对能通过经验自动改进的计算机算法的研究。③机器学习是用数据或以往的经验，优化计算机程序的性能标准。——译者注

进的技术应用到审计工作中。利用"审计机器人"（Audit bots）可以轻松抓取企业数据。利用算法则可以轻松发现企业经营中的异常，如高管的异常信用卡消费、违反授权的行为模式、虚增的管理费用以及在异常时段进行的会计处理。相比传统的人力密集型审计方式，数据分析程序可以直接嵌入企业的采购、人力资源管理、合规和经营报告等管理系统中，能够自动实现对企业财务信息的实时分析和报告。与传统审计相比，这些新程序可以更有效地发现舞弊。

在科技型审计的年代，几乎所有原本难以操作的计算类任务忽然都变得轻而易举。例如，大数据可以实现对企业所有交易的全面分析，因而不再需要进行抽样审计。过去，指望审计员检查客户经营中产生的数百万笔交易并不现实，因此，基于对实操性的考虑，抽样检查成为现代审计的一个核心特质。然而，通过使用先进的科技手段，过去的不可能如今都变成了现实。对于业务复杂的企业审计，事务所不需要像过去那样派出更多人手，而是通过使用"跟踪现金流"的电脑系统和产品，就可以轻松了解企业完整的经营情况。这些新技术，给审计带来了颠覆性的变革。

科技型审计并不是完全适合四大的运营模式，但其他企业从中大为受益。例如，软件公司可以开发针对会计行业的数据分析程序。系统集成商和小型专业服务机构可以提供会计行业数据分析服务。会计行业的商机，正朝着更灵活、劳动密集程度更低的企业转移。

## 自我欺骗

在咨询领域，四大也正经历着技术变革和新的竞争。在人员、客户和资金方面存在着激烈竞争的同时，四大还面临着前所未有的创意市场之争。创意市场的门槛不高并且还在不断降低，大量机构和个人涌入这个市场，竞争空前激烈。四大的竞争者来自四面八方，不仅有大专院校、非营利性智库、政府机构（如公共服务委员会和审计署等），以及顶级的战略咨询公司如麦肯锡、贝恩和波士顿咨询公司这样的"精英三杰"，还有各种运营成本低、经营灵活的小企业，如博客主、自由职业者、网络中介、众包商和个体户，其中很多人曾是四大的员工。就像大卫·梅斯特和他的合作者所指出的："（对服务提供商而言）最糟糕的自我欺骗方式之一，就是假装自己所提供的服务不仅独特，还不存在竞争。"

卡格尔公司（Kaggle）<sup>⊖</sup>就是一个典型的新竞争者。卡格尔公司由澳大利亚经济学家安东尼·高德布卢姆（Anthony Goldbloom）于2010年创立，并于2017年被谷歌收购。该公司提供了一个数据科学竞赛平台，企业和研究人员可以在平台上发布数据，全世界的统计学家和分析师可以同台竞技，竞争开发最好的算法和模型。平台充分使用了众包、机器学习、云计算和大数据等各种创新。对于由脸书、通用电气和默克<sup>⊜</sup>等企业提供的竞赛奖金，有多达80万名"卡格尔人"（Kagglers）参与了角逐。

类似的平台还有SIGKDD（预测建模竞赛"KDD杯"的主办方）、CrowdANALYTIX、HackerRank、Clopinet、DrivenData、

---

⊖　卡格尔公司主要为开发商和数据科学家提供举办机器学习竞赛、托管数据库、编写和分享代码的平台。该平台已经吸引了80万名数据科学家的关注，这些用户资源或许正是吸引谷歌的主要因素。——译者注

⊜　默克是一家科技公司，专注于医药健康、生命科学和电子科技领域。——译者注

TunedIT、TopCoder、Analytics Vidhya 以及中文网站天池大数据众智平台（Tianchi）。以色列的著名商业智库维基战略公司（Wikistrat）则是一个面向中小企业的数据分析众包平台。这些新兴企业改变了数据分析和解决方案的提供模式。互联网为"创意"开辟了新的市场，并且让咨询服务的提供方更加分散。

## 数字未来

在四大的未来，数字革新将无所不在。离岸外包<sup>⊖</sup>、众包<sup>⊜</sup>和远程交付也是如此。四大还将面临来自小型企业、微型企业和个体户的竞争，以及产品和服务的标准化、商品化、自动化、去个性化、去中介化<sup>⊜</sup>、程式化、自我竞争<sup>⑭</sup>和简单化的冲击。

会计服务商品化于四大而言是个可怕的未来，四大提供的很多服务未来都会面临某种形式的商品化趋势。四大所提供的检查方案设计、数据收集、数据恢复、相关利益方认定、信息管理、项目管理、企业业务系统管理（如开票系统、应付账款和总账系统等）、投资分析、资产评估、资金成本计量、项目评估、业务规划等所有这些服务，都很容易被大量分散、廉价或者远程交付的供应商取代。

我们很容易就能看到，四大有多少核心产品未来可能会被一个

---

⊖ 离岸外包是指将一国的业务转移到劳动力便宜的其他国家。——译者注
⊜ 众包是指面向广泛、松散定义的外部人群的外包。——译者注
⊜ 去中介化一般是指在进行交易时跳过所有中间人而直接在供需双方间进行。——译者注
⑭ 自我竞争是市场营销相关的学术用语，指同公司的产品冲突、相互竞争，蚕食对方市场份额的现象。——译者注

电脑系统、一套方程式、一本书、一个网站或一个订阅服务，甚至一个身处远方的廉价劳动力所取代。审计最初是为了解决距离和管理可见度的问题而出现，审计员是雇主、企业主或出资人独立的耳目。在如今这个信息透明且连接紧密的世界中，有太多新方法可以克服管理可见度和距离的障碍。这就是为什么审计同咨询一样，极易受到科技变革的冲击。

## 公开

如果审计主要是关于问责，那么如何才能让一个组织机构更全面、有效地对其决策和运营情况负责？一系列的创新给了这个问题一个全新的答案：开放式系统不仅融合了新技术和新的披露要求，还实现了问责机制分散化。

公共部门⊖和非营利组织已经采用了开放式的系统和账目，使得公众能够随时了解和监督这些组织机构的决策及运营情况。社区组织和社会活动家则采用了公民审计的方式，即外部人员通过公开或披露的信息来分析企业的经营情况。（在印度，公民审计的传统由来已久。）互联网和无线通信的出现，使得此类审计更加简单。其他非审计问责机制包括罚金起诉法（qui tam laws），即通过加强对吹哨人和独立调查人员的奖励，来提升他们的积极性。如我们之前所述，在揭露欺诈和不当行为方面，吹哨人和私人机构的表现极为出色。

---

⊖ 公共部门是指被国家授予公共权力，并以社会的公共利益为组织目标，管理各项社会公共事务，向全体社会成员提供法定服务的政府组织。政府是公共经济部门的最主要成员。——译者注

与审计机器人的纯数字化特性相比，这些新兴的传统审计替代方式，具有更强的社会性和大众性。对四大来说，加强对吹哨人的保护以及提高对赏金猎人的激励，无异于击中了四大的命门，让它们瞬间失去原有的超能力。尽管这些保护和激励对传统审计的冲击方式不同于数据分析，但同样具有毁灭性的打击效果。

这些开放、分散的系统，似乎不太容易出现审计"七宗罪"。开放系统的信息难以被事后美化。<sup>⊖</sup>将审查监督的权利放在真正在乎的人手中，例如顾客和投资人，可以帮助审计克服当前过于空洞和流于形式的状况，并将审计重心放在真正重要的事物上。

## 创新的敌人

国际事务所、全球事务所、全球总部、国际总部，四大用各种不同名字称呼它们的总部以表明它们是国际化的经济实体，由成员所出资设立并拥有。表面上看，四大总部设立的目的是在全球范围内建立统一的执业标准，鼓励追求卓越，并在某种程度上制订和实现全球发展战略。实际上，全球总部还有其他更重要的作用。在全球总部工作的机会，对于雄心勃勃的年轻人来说，意味着奖励；而对于上了年纪的资深人士，尤其是来自英、美事务所的资深人士而言，全球总部工作的机会则是他们理想的职业归宿。全球总部的设立，对四大的业务推广，也有一定的意义。有全球总部的资源做后盾，即使是规模较小的四大分所也会自带光环，在现有和潜在客户

---

⊖ 但是开放系统也可能会适得其反，例如人们也许会避免记录负面信息，这是一种事前美化的行为。

面前展现出强大的影响力。

然而，四大的全球总部实际上非常弱小，且与不同国家的成员所之间保持着一种独特的关系。各国的成员所享有独立的资本储备和留存收益，自行决定内部利润分配、合伙人升迁事宜。尽管名为全球总部，但它们实际上并不是真正意义上的全球总部，而是由各国成员所共同出资设立的子公司。各成员所在经营中会尽力降低自己的成本，并且尽量让自己的经营免受外来的干扰和约束。就像合伙人在客户收费、业绩评价和利润分配方面，更倾向于偏袒自己的部门一样，当有本国资源可用的情况下，各成员所都鲜少愿意借用别国的员工和资源。在四大全球成员所这个网络中，权力分配会明显向规模较大的事务所倾斜。

基于上述原因，四大的全球总部通常资金不足、缺乏权威，基本上形同虚设。在全球总部工作的员工，永远如履薄冰，尽量不去招惹全球网络体系内部或外部的人。因此，由这个"全球优才中心"出具的报告，通常会浅白到荒谬的地步，它们在创新、税收、私有化、银行业、制造业、外包、养老金计划、人口老龄化等几乎所有方面，都小心翼翼地避免站在任何会引起争议的立场。实力最强的成员所会根据具体情况决定是否与总部合作。埃德加·琼斯这么描述 1995 年的普华事务所："尽管各成员所的高级合伙人们对总部所扮演的角色充满热情，但在实际工作中，他们通常并不愿意受其领导。"当不同国家的成员事务所之间发生冲突时，"总部"根本无力平息纷争。

（四大并不总是一个和睦的大家庭，成员所之间的冲突在所难免。永恒的冲突主题包括：对全球范围内的品牌推广和职业发展等跨国项目的资金投入；新成员所的设立；跨国合作项目的收入分配等。一名普华事务所前合伙人称中国香港分所在普华全球网络中"人人喊打，因为同中国香港分所沟通合作项目的收入分配问题非常困难，另外，中国香港分所也吝于对普华事务所的全球发展计划做任何贡献"。Michael Barrett、David J. Cooper 和 Karim Jamal 研究了四大位于小城市的分所和位于纽约、伦敦等大都会的分所之间的关系。小城市的分所通常盈利丰厚、有创新动力，并且对大所的强势地位心存不满。同时，它们也对作为四大成员所必须承担的成本存在怨言，包括赞助总部运营的各种支出，它们认为这种贡献就是"浪费"。）

　　四大这种彼此独立的成员架构搭配弱势总部的模式并不多见，本质上也很不稳定。四大的企业治理和风险控制分散，导致各地员工的行为方式存在明显差异，这也是审计丑闻频繁爆发的原因之一。为了迎接和战胜当前技术革命带来的挑战，四大必须加大对知识产权开发和 IT 商业化项目的投资，但是这种分散的特许经营模式，并不利于四大对上述项目进行投资和提供支持。例如，四大总部受弱势地位和所有权限制，无法以企业所有者的身份为合伙企业募集投资所需资金。

## 创新的障碍

　　四大不直接参与股权市场融资，因此很难被其他企业吞并或收购。事务所之间的合并，通常是通过增加合伙人并修改合伙人职责和权限的方式进行。与常规的企业合并不同，专业服务机构的合并更个性化，有点类似俱乐部之间的合并，并且也会遇到同样的阻挠和反对。

事务所之间的一些合并提议之所以被否决，是因为受到合伙企业架构的限制。合并不仅需要取得各司法管辖区的批准和成员所的同意，还需要确定如何对盈亏进行合理分配，其困难和复杂程度都让人望而却步。同样，这些困难也阻碍了四大在创新方面的投资。

合伙人制度和集体决策机制，让四大很难迅速地进行重组或调整定位。与很多公司和初创企业相比，四大在合伙架构下的自由度较低，在员工快速晋升、跨级调薪、一次性奖金和股权激励等方面，都有很多限制，更遑论进行冒险行为了。

企业家们都清楚，初创企业需要在合适的时间，以合适的条件获得足够的发展资金。但仅仅依靠合伙人的留存收益和资金投入，很难让事务所获得充足的发展资金。欧盟第 8 号审计令规定外部投资人持有会计师事务所的所有权比例不得超过 49%，并且要求事务所管理层多数成员必须是经欧盟认证的审计师。2011 年，英国经济事务委员会考虑对四大制定一项新的所有权规定，以便"让事务所能够轻松募集到扩张所需资金，承接大型企业的审计业务"。委员会指出，专业服务类合伙企业的资金成本，"远高于其他所有权类型的投资模式"。

除了充足的资金外，一个公司若要健康发展，还需要有充分的自主经营权。但四大的架构和管理模式却导致保守主义盛行、决策流程缓慢。重大的战略决策有时必须要成员所进行斗争才得以制定，并且还要时刻顾虑对各个团队和客户的影响。四大珍贵的品牌声誉，也增强了它们对风险的厌恶程度。为保护自己的声誉，四大不敢轻易进行任何尝试。

在过去的 20 年中，四大内部风险控制部门的规模和权力不断增大。它们天生比其他部门更厌恶风险，然而，企业的发展需要有适度的冒险精神。虽然外部监管机构允许四大尝试新的经营模式，四大内部对此却有诸多限制。与那些新兴的、不受约束、资本充足的"会计公司"相比，四大已经落伍了。

专业服务类合伙企业平时不需要很多资金，它们最有价值的资产是人和客户关系，而不是有形资产。合伙人投入的资金，缺乏流动性，资金规模的增长依靠吸引和发展新合伙人。不同职业发展阶段的合伙人，对创新投资的态度也不同。例如，接近退休年龄的合伙人，可能会反对投资于回报周期长的创新项目。然而，事务所的管理层通常正是这些接近退休年龄的合伙人。（例如，2009 年，普华永道中国修订了合伙人协议，降低了新晋合伙人的投票权。）创新，需要管理层的支持。

如果不可能的事情真的发生了，四大中的某家事务所成功地对传统的专业服务模式进行了颠覆性创新，那么其各成员所之间将发生前所未有的冲突。与开发了电动汽车专利的传统汽车制造商相比，会计师事务所对这种内部创新的、会导致员工和组织机构变得冗余的会计服务变革更不感兴趣。为什么？因为汽车制造商通常有同样的股东和统一的企业运营规则。但是，在四大全球体系中，各成员所分别有自己的合伙人、管理机制和诉求。一家成员所推行的能够改变该事务所全球范围内会计业务模式的创新，很有可能会违反特许经营协议，并且必定会在该事务所的全球体系中，产生不同的赢家和输家。

四大之间也存在同样的问题。如果它们中的一家奇迹般地实现了变革性创新，其他事务所将会被其抛在身后。当变革涉及知识产权创新时，四家事务所更不可能同时以同样的方式取得成功。

## "四大主义"的壁垒

除了资金和组织架构外，另外一个阻碍四大进行创新的因素是文化。德鲁克发现所有大型组织都倾向于遏制创新、鼓励服从。在四大，这种情况尤为明显。大型会计师事务所长久以来一向奉行服从、从众、勤奋和融入的价值观。事务所中的员工大部分是毕业于中等院校的中等人才，他们推崇低调的英雄。就像马克·史蒂文斯所指出的："成为合伙人不需要有什么丰功伟绩，你只需要能干、敬业、勤奋就行。（大型事务所）的僵化氛围、对服从的重视，实际上将那些优秀、具有创新精神和特立独行的人才排斥在外。"

然而，四大如果要迎接变革的挑战，所需要的正是这样的人才。虽然四大也努力从广告界、智库以及其他各种领域引进人才，但四大当前的主导文化仍然是从众和中庸。不仅如此，尽管当前四大的员工背景已经开始多元化，但四大内部对平行雇用的旧有偏见依然存在，专业服务模式和合伙人晋升路径中固有的僵化机制也难以动摇。

会计行业势必发生颠覆性变革，但是基于上述各种原因，创新不太可能来自四大内部。面对四大对创新的限制，不少核心员工经过深思熟虑后选择离开四大，在不受合伙人晋升路径、审计监管和专业服务经营模式限制的情况下，进行创新和改革。

这让我们看到了一个严峻的现实：四大在某种程度上推动了会计行业的转型，但这主要是通过员工和团队离职后在别处进行创新并希望从变革中受益来实现的。会计行业的活力如今已不受四大控制，并且正朝着不利于四大的方向奔去。

|第 14 章|

# 结　　论

## 终局

美第奇家族的不少男人，都患有让人疼痛难忍的关节痛风病，其中又以皮耶罗·德·美第奇（即"痛风者皮耶罗"）受害最深，他"虚弱、卧床不起、脾气暴躁"。像他的父亲一样，皮耶罗也是一位收藏家，他收集宝石、金币、织锦壁毯、浮雕、银器、珠宝首饰、武器、乐器和书籍。痛风让他不良于行，因此每次去他那有着圆形拱顶、由雕塑家卢卡·德拉·罗比亚设计装饰的富丽堂皇的书房兼图书馆时，他都只能被抬进去。㊀

---

㊀　在皮耶罗的图书馆里，书籍被按照颜色标识和分类存放，红色代表历史书籍、绿色是修辞学书籍等。在皮耶罗的时代，印刷还是个新鲜事物。尽管古登堡在 15 世纪 50 年代就发明了铅活字印刷术，但印刷术在 15 世纪的后半叶才逐渐普及。皮耶罗的藏书，大多是昂贵的手抄本。他在自己的藏书上都装饰了精美的包边，这引领了佛罗伦萨手抄本书籍的装饰风尚，并在接下来的半个多世纪里，成为佛罗伦萨书籍装饰的标配。

　　皮耶罗的图书馆是他的避难所，但是父亲的去世让他不得不面对现实。尽管他深受疾病折磨，尽管他在银行业和商业方面经验有限，皮耶罗还是毅然决定承担起家族的重任，将父亲和祖父创造的传奇和声誉，继续发扬光大。当时的佛罗伦萨，危机四伏。为了避免落入各种圈套，皮耶罗向很多人寻求建议，包括父亲科西莫以前的顾问——政治家迪奥提萨维·内罗尼。然而，在皮耶罗掌管家族事业的头几个月里，他就做出了一个错误的决定。

　　根据尼科洛·马基雅维利（Niccolò Machiavelli）在《佛罗伦萨史》中的记载，内罗尼建议皮耶罗清收美第奇银行那些长期债务。皮耶罗接受了这个建议，但似乎并没有考虑过在这些陈年旧账中，哪些好收、哪些难收、哪些是商业放款、哪些是出于政治目的。他的父亲科西莫当年对外提供了大量替代性贷款⊖，是为了积累人脉和扩大自己在佛罗伦萨内外的影响力。皮耶罗的收账政策，结果可想而知。他一开始催收旧账，就怨声四起。借款人都说美第奇的新任当家人贪得无厌、忘恩负义，还有一些佛罗伦萨商人因此破产。那些利益受损的群体，开始密谋反对皮耶罗。

　　在随后发生的动乱中，内罗尼临阵倒戈，加入反对皮耶罗的阵营，参与了一场马基雅维利称为"足以摧毁皮耶罗权威和声誉"的阴谋。参与阴谋反对皮耶罗的人中，还包括富商卢卡·碧提（Luca Pitti）、阿尼奥洛·阿伽瓦利（Agnolo Acciaiuoli）、尼科洛·索德里尼（Niccolò Soderini）以及皮耶罗的堂兄弟皮耶尔弗朗切科·德·美第奇。在乔凡尼二世的通风报信下，皮耶罗躲过了这

---

　　⊖　替代性贷款是指可用替代物归还的贷款。——译者注

次阴谋。接着，他又幸运地躲过了第二场阴谋。但在 1469 年，在领导美第奇银行仅仅 5 年后，皮耶罗败给了自己的痛风和严重的肺病，他长眠于圣洛伦佐教堂，与他的兄弟乔凡尼葬在一起。雕塑家多纳泰罗才华横溢的弟子安德烈·德尔·韦罗基奥为他设计了以阿坎瑟斯叶装点的墓穴。尽管当时危机四伏，美第奇家族庞大的财富仍然是几乎毫发无损地传递到皮耶罗的长子洛伦佐·德·美第奇手中，即后来的"辉煌洛伦佐"。

如今，"痛风者皮耶罗"的知名度远不如他的父亲科西莫和儿子洛伦佐，但是他的地位非常重要，因为他是美第奇银行由黄金年代走向衰败的转折点，尽管他"让美第奇银行一切照旧"，但是没能让美第奇跟上时代的发展。皮耶罗时代为美第奇银行的衰落，拉开了序幕。

长得比父亲和祖父更加丑陋的洛伦佐，在弱冠之年便接管了整个家族生意。哈佛大学历史和金融学教授尼尔·弗格森再次借用黑手党的比喻，来描述美第奇家族的崛起：这个家族起初不过是个小型的犯罪团伙，最后却发展成超越了电影《教父》中最庞大的黑手党家族——柯里昂家族的规模。像他的父亲和祖辈一样，洛伦佐也热衷于赞助艺术家和收藏。他收购珍稀的古董，继续扩充父亲留下的珠宝、浮雕、珍稀手稿和盔甲收藏。然而，在灾难到来之际，这些珍贵的收藏毫无用处。

佛罗伦萨的佩鲁齐银行、巴尔迪银行和阿恰伊沃利银行，在经历了挥霍无度的英格兰国王爱德华三世和那不勒斯国王罗伯特债务违约的毁灭性打击后，宣告破产。它们的破产让美第奇银行吸取了教训，设置了分行之间彼此独立的网状架构，以避免分行被彼此的错误决策和坏账风险牵连。实际上，这种网状架构并没有能够阻止美第奇银行破产，相反还加速了它的倒闭。

理论上，美第奇银行的下属分行之间各自独立，不需要为彼此的债务负责。但是，在发生巨额债务损失时，这种保护机制并不起作用。在 1455～1485 年发生的玫瑰战争期间，美第奇银行向爱德华四世提供了大量贷款。当爱德华四世像其先祖爱德华三世一样，无力清偿巨额债务时，拖累了美第奇银行伦敦分行破产。这笔债务被转嫁给布鲁日分行，导致布鲁日分行出现超过 7 万弗罗林金币的头寸短缺，并很快也因为资不抵债而宣告破产。洛伦佐指示瑞尼瑞·瑞卡索离解散布鲁日分行，审计其账目，并尖刻地嘲讽道："这就是托马索·波蒂纳利○给我们带来的利润。"

美第奇银行网状架构的防火墙机制，在发生如包装破损的羊毛等小额损失和索赔时是有效的，但在巨额损失面前无能为力，也无法阻止银行信誉受损。在伦敦分行和布鲁日分行相继倒闭后，债务风险蔓延到佛罗伦萨，洛伦佐到处寻找资金来弥补债务窟窿。家族金库、国库、家族慈善基金等，都被他用来应急。

专注于银行业经营一直是美第奇家族成功的关键。但是，美第奇银行后来渐渐偏离了作为教会的银行这个主业，开始在贸易、进出口、生产加工、采矿和保险等多个领域发展。多元化给美第奇银行带来了不同的竞争压力和宏观经济风险，也带来了更多的资金需

---

○　托马索·波蒂纳利是布鲁日分行负责人，因提供大量高风险无担保风险贷款而被离职。——译者注

求以及对员工在各个不同领域的经营管理能力的要求。多元化经营使得美第奇银行很难为每项业务都找到合适的管理人员，也难以为管理人员建立有效的监督和奖励机制。由于承担了各种新业务的风险，银行应该得到风险补偿，但是因为风险很难定价，美第奇银行的债务都没有足够的风险补偿。

多元化后的美第奇银行在章程中规定，其宗旨是"在上帝和好运的帮助下"，从事外汇和商品交易，但是上帝和好运都抛弃了它。美第奇银行的业务接二连三地遭受经营压力。明矾业务不像合伙人预期的那样有利可图，垄断也没有奏效。竞争对手秘密从中东进口明矾，打破了垄断联盟。在银行业方面，行业内出现的新型借贷和外汇交易方式，对美第奇银行的经营模式造成了一定的冲击。与此同时，国际经济衰退和地区战争造成国际贸易下滑。优质的英国羊毛一直是意大利纺织产品的主要进口原料，国际贸易衰退使得美第奇银行的纺织业务原料匮乏，经营难以为继。

洛伦佐的行为方式也加剧了美第奇银行的衰落。他在商业经营、管理、战略制定方面，都堪称平庸。他违背了乔凡尼的临终叮嘱，将大部分时间投入政治中而非家族生意上，他忘记了美第奇家族之所以能获得巨大的政治影响力和财富，全都是依靠家族生意。此外，洛伦佐还崇尚贵族式的生活方式，他以写诗为乐，并包养了一名"丰满的情妇"。

在洛伦佐的领导下，美第奇银行的经营管理漏洞百出。他对银行的内部管理和控制毫不在意，这为一系列难以察觉又一发不可收拾的欺诈和丑闻打开了方便之门。例如，弗朗塞斯科·萨瑟提未能察觉里昂分行的一项重大欺诈行为，"直到为时已晚"。里昂分行经理里奥耐托·德·罗斯低估了坏账损失，为了弥补自己的失误，他从其他银行借入资金，并谎称这是里昂分行的利润。实际上，里昂分行不但亏损，而且已经资不抵债。

洛伦佐不仅把美第奇银行的管理交给了一些不胜任的人，还疏于监督。他经验不足，无力领导这些经理人，或者让他们对自己的错误承担责任。安吉洛·塔尼曾经为了防止布鲁日分行倒闭，请求洛伦佐严格管制伦敦分行的放贷行为，洛伦佐却回复说"他不懂这些商业上的事"。无能的托马索·波蒂纳利长期担任布鲁日分行经理，却私下从事其他商品交易，将布鲁日分行经营得一团糟。洛伦佐承认，他之所以批准了波蒂纳利那些"灾难性方案"，是由于自己对商业的无知。

1492 年，43 岁的洛伦佐因痛风发作去世，当时美第奇银行已经走到了破产的边缘，并且诉讼缠身。洛伦佐将美第奇家族的领导权交给了自己的长子皮耶罗·洛伦佐（Piero di Lorenzo，皮耶罗二世），他很快就获得了"愚蠢皮耶罗"的称号。

皮耶罗二世既没有管理银行的经验，又缺乏相应的才智，他将美第奇银行交给了自己的秘书和叔祖父管理，而这两人的经营管理不善，进一步加速了美第奇银行的衰落。后来，一件突发的地缘政治事件给这一切画上了句号。1494 年，在帕乔利的《数学大全》发表的当年，法国国王查理八世入侵了意大利。美第奇家族已没有足够的财富和影响力控制佛罗伦萨。美第奇银行的账目被查封，资产被分配给债权人，所有的附属合伙企业也随之解散。

## 特许经营价值的重大损失

美第奇银行的衰落，由多种因素综合导致。在追求多元化经营的同时，美第奇银行偏离了自己赖以发展壮大的主业——银行业；放任银行的财务和内部控制体系恶化；对重大风险缺乏风险补偿定价机制和有效管控；忽视了对重要社会关系的持续维护。以上种种，让美第奇银行陷入四面楚歌的境地。

如今，多元化经营的四大也面临着类似的生存威胁。四大的主要业务板块都正经历着新的竞争、新的监管和技术压力。四大都笼罩在毁灭性风险的阴影下。2011年，迈克尔·鲍尔教授提醒英国经济事务委员会要警惕"冲击性事件"对四大的影响。"我认为我们不能排除特许经营价值出现重大损失的可能性"，他提醒说。英国与一些其他国家的监管机构，已经开始着手为某家四大的消失做准备。

四大的成员所特许经营模式，与美第奇银行由法律上各自独立的合伙企业组成的经营网络极其相似。这种模式能够限定责任范围，遏制诉讼或者意外事件影响的蔓延。与美第奇银行一样，四大也将成员所模式当作一个万能的法宝。在有需要的时候，四大会称各成员所是集团中的一员，反之，四大会否认成员所的一体性，就像最近德勤在上海的举动和安永在中国香港所做的那样。但是，正如美第奇模式所展现的，这种保护机制并不完美。当四大因重大的企业破产、审计失误或者税务丑闻被起诉时，四大的品牌价值会受到巨大的损害，这种损害很大程度上会波及其他地区和业务领域。安达信的倒闭就证明，对于一个跨国会计师事务所而言，遏制名誉

受损和监管引发的影响蔓延有多难。如果发生像 TBW 或雅佳控股
这样的灾难性事件，四大分散的合伙模式并不能起到真正的保护
作用。

　　了解四大的品牌性质，对于理解四大内部灾难的扩散和蔓延
机制非常重要。四大每家都有一套自己的品牌体系：有业务类品
牌，如普华永道税务；有成员所品牌，如美国普华永道有限合伙企
业；有全球品牌；还有四家事务所的联合品牌"四大"。"四大"这
个品牌，尽管并不属于任何一家事务所，却同各事务所自己的独立
品牌一样重要。在会计行业的等级体系中，首先是位于顶层的"四
大"，其次才是其他事务所。"四大"这个联合品牌的存在，是导
致灾难在事务所之间蔓延及扩散的关键因素。在现代资本主义生态
系统中，四大是整个经济体的有机组成部分，它们一荣俱荣、一损
俱损。

　　一个后四大的世界会是什么模样？后四大的时代会如何到来？
四大在行业结构、所有制、企业治理、服务内容、技能和监管等很
多层面，都可能会被迫以不同的方式，迈向终局。具体来说，这些
层面包括：会计行业架构，需要保留多少大型会计师事务所；会计
师事务所的所有制形式，应采取合伙人制、公司制还是其他形式；
会计师事务所的运营和治理方式；会计师事务所应该提供的服务类
型；会计师事务所被委派进行审计的形式；会计师事务所需要的员
工资历和背景；当前客户寻找会计和审计替代资源的兴趣大小；未
来将如何到来（是通过监管行动、客户流失、灾难性破产还是其他
途径）。一些未来极可能发生的情景，与当前的现状大相径庭。

## 反垄断

　　世界各地的监管机构、学者和社会活动家，一直以来都希望结束四大的垄断，建立一个更具竞争性的会计服务市场。一些学者认为立法机构和监管机构当年就应该阻止普华和永道事务所的合并，还有一些人甚至主张解散四大。

　　2010 年欧盟委员会在《审计政策：经济危机的教训》（Audit Policy: Lessons from the Crisis）绿皮书⊖中，认为四大目前的规模太大，已经给资本主义经济带来了系统性风险，提出了缩减四大规模或者重组四大的设想。英国经济事务委员会则直接呼吁四大"作为专业机构，应优先考虑公众利益"，并主动将自己分拆成新的六大甚至八大事务所，该委员会表示："社会赋予专业机构垄断特权的前提是，它们应将公众服务放在首位。我们或许会为四大设定一个有明确时间要求的最后通牒。"

　　税务专家乔治·罗兹瓦尼曾分别在普华永道、安永和安达信就职，他在 2016 年指出，四大发展成如今的规模和影响力，"实际上是自掘坟墓"。他说："政府除了分拆四大以外，别无选择，就像反垄断机构过去打破电信、能源和金融服务等领域的垄断一样。"

　　在特许经营模式下，四大的各成员所实际上已经是一个个拥有各种业务的综合商业体，它们有不同的文化、提供不同的服务并收取不同的费用。因此，分拆四大在理论上是可行的。但是这种分拆，无论是分拆成六家、八家还是其他数量，都将产生深远的影

---

　　⊖　绿皮书是指英国供公众讨论的政府提案文件。——译者注

响，而其中最大的影响莫过于四大最重要的资产：品牌价值的毁灭。

中国政府采取了鼓励竞争的策略，成立本土会计师事务所与四大在国内外进行竞争。在西方，要求政府进行干预并在会计业特别是审计业，引入更多竞争的呼声也越来越高。例如，英国上议院经济事务所委员会曾考虑在英国审计委员会和英国国家审计署的基础上，成立新的大型会计师事务所。然而，在 20 世纪 90 年代末期，当维多利亚州开始尝试公共部门审计私有化时，却引发了高度争议，并加速了州政府在选举中的失败。

## 公司形式

四大未来极有可能发生所有权形式和结构的重大改变。除了合伙制以外，四大还可以采用大型公司的形式，或者其他企业形式，例如像 Cordence 这类由小型咨询企业组成的、松散的国际咨询行业联盟。

公司化需要进行从合伙制向股东制的转型。成员制保险公司的"股份化"，为这种转型提供了一个成功的范例。在新的公司实体中，合伙人成为拥有股权的管理层，外部投资人也可以通过投资四大的股权成为股东。转型必然会涉及艰难的跨国和内部谈判，包括对事务所新总部位置、规模和职能进行艰难的讨论决定，还会涉及向监管机构和客户进行解释沟通。但是，转型所带来的利益将是巨大的。据研究者推测，公司化后四大如果进行首次公开发行，每家事务所的价值可能将超过 1 500 亿美元。

据传，已有投资人在考虑并购四大中的一家或多家事务所。这类并购交易有助于解决四大在创新方面的资金瓶颈，可以帮助四大以更有利的条件和更低的成本筹集创新所需资金。然而，仅仅依靠公司结构或者所有权形式的改变，并不能解决四大的垄断问题，也无法解决四大内部各业务领域存在的问题和压力，例如审计和咨询服务之间潜在的利益冲突等。为了解决这种利益冲突，四大最终可能会采取"退守审计"的策略，即成立专门的审计事务所，将除审计以外的所有其他职能全部剥离给分拆后的其他实体。

## 退守审计

成立专门的审计事务所能一劳永逸地解决事务所的独立性问题，并且它所带来的潜在利益，远不止于获得监管机构的支持或者提升事务所的独立性。例如，它还有助于消除各业务之间彼此牵制的负面影响。虽然四大在审计领域的垄断地位，也给其他业务如战略咨询带来了巨大的竞争性优势，但是咨询业务也必须像审计一样遵守审计准则和法规的要求，这对四大的咨询业务发展形成了障碍。它限制了咨询部门可以签署的合同类型、合同的执行模式甚至还限制了它们承接咨询业务。审计和咨询之间，不仅有积极的协同效应，还有彼此牵制的负面影响。

也有人提出其他分拆的建议，例如将税务服务与审计分开。乔治·罗兹瓦尼在接受财经记者迈克尔·韦斯特的采访时，设想将四大分拆成四家审计事务所和四家税务事务所，之后再将上述八家事务所分拆成十六家事务所，以引入更多竞争。他说："如此一来，全球将有八家国际性的会计师事务所和八家税务事务所可供客户进行选择。"尽管上述分拆和再分拆的建议，听上去宛如日本厨师切生鱼片一样干脆利落，但是实际操作并不那么容易。

四大担心立法和监管机构为解决会计师事务所的独立性问题，会强制要求审计工作必须由专门的审计事务所来执行。为了降低此事发生的可能性，四大收集了这个设想可能带来的所有问题。它们指出，强制要求将审计业务交由专门的审计事务所来做，将会增加客户成本、扼杀创新、打击人才加入会计行业的积极性，最终将会导致审计效率低下和公司治理弱化。

尽管退守审计是个看似可行的结果，但是仍然有不少问题难以解决，比如事务所的职业价值观和垄断影响力问题。21 世纪初，为了寻求建立更纯粹的审计和咨询业务，四大中的毕马威、安永和普华永道，也尝试过剥离各自的咨询业务，成立了毕博咨询公司、凯捷咨询公司和星期一咨询公司。但很快它们便放弃了这个尝试，以更加高涨的热情和势不可挡的姿态，重新转向多元化经营。

## 彻夜难眠

企业当前的审计师选派模式，基于以下两个方面的考量：首先，审计员期望通过全面审计，来维护并提高自己的诚信和能力方面的声誉；其次，审计委员会倾向于将审计任务，交给能提供更高服务质量的审计团队。自 2002 年萨班斯法颁布实施以来，美国企业一直是由董事会下属的委员会负责甄选审计师，我们在前面的章节，也讨论过这种模式和由股东直接选派审计师的模式，都存在缺陷。

关于解决审计师选聘程序缺陷的建议有很多，其中一个建议是建立审计师的强制轮换机制。尽管四大已在世界上的很多地区成功抵制了这个提议，但欧盟最新的规定要求上市公司和其他公共利益实体必须每 10 年对审计师进行一次公开招标，并且至少每隔 20 年要更换一次审计师。德勤审计业务的管理合伙人斯蒂芬·格里格斯分析了目前的处境以及新规定对事务所的影响："会计师事务所明白自己将会失去全部现有客户，这让它们彻夜难眠、辗转反侧。"

强制招标在几个重要方面改变了市场态势：它给小型会计师事务所创造了商机；它鼓励了会计服务的差异化；它还迫使事务所更加谨慎对待审计和咨询之间的冲突，因为咨询服务既可以成为中标的障碍，也可能成为投标的替代方案。普华永道的法规事务负责人吉利·洛德表示："在处理审计与非审计业务之间的关系方面，我们必须要变得更加灵活。"

## 投保

英国经济事务委员会正在考虑采纳纽约大学教授乔舒亚·罗南的提议，实施一项"重大的创新举措"，来促进审计领域的竞争。该项举措的主要内容是设立财务报表保险市场，与传统的审计业务进行竞争。罗南教授的思路是，审计委员会（或者其他负责审计师选聘的机构）通过购买财务报表保险，取代传统审计服务。

与其他形式的保险一样，保险公司可能会在同意承保前审查投保企业的情况，并设置相应的条件……并公布保费和承保范围。之后，保险公司会委派一家会计师事务所（从经核准的会计师名单中选择）对投保企业进行审计，审计范围取决于保险公司愿意承担的风险程度。如果投保企业未通过审计，则该企业在次年要么选择回归传统审计，要么重启（财务报表保险）投保申请。在客户对保单提出理赔时，例如，在投资人称被虚假财务报表误导造成损失，寻求企业赔偿时，理赔将会通过仲裁程序进行处理。

此外，监管机构和客户也在考虑更激进的审计替代方案。在不久的将来，企业还会寻求大型会计师事务所提供审计服务吗，还是会找其他机构？四大会被遗忘吗？

## 国有化

还有一个提议是改变目前由审计委员会负责甄选审计师的模式，将企业的所有审计职责收归国有。审计职责国有化是自现代企业治理开启以来，就被反复讨论的话题，这一举措最终将会产生与四大的审计业务国有化相同的效果。

20 世纪 30 年代，在一次讨论《证券法》的听证会上，美国参议院银行和货币委员会考虑将审计私营企业的职能，交给一个政府机构负责——可能就是当时新成立的证券交易委员会，该机构将有权独立招聘和调派审计人员。曾说出了那句著名的"审计员凭良心进行审计"的哈士钦斯和塞尔事务所的高级合伙人、纽约州注册会计师协会主席阿瑟·H.卡特说服参议院银行和货币委员会，同意由专业的会计师事务所来执行审计业务。借用史蒂芬·泽夫的话说：

"这避免了上市公司审计被政府接管。"

但是，这种想法从未真正消失过。2014年，普雷姆·西卡教授就提出质疑："税务局的检查，和你聘请的审计师邻居的审计，你在谁的面前会感到更有压力？"西卡认为，银行审计职责更适合交给政府来承担。如果这类审计由法定监管机构来执行，将增加监管机构对被监管企业的了解，从而能够提高监管效果。

某种程度上，国有化已经开始。美国上市公司会计监督委员会对事务所进行的详尽审查，反映出政府在企业审计中扮演的角色已经越来越重要。鉴于审计过去持续出现问题，美国政府已经成功介入该领域，为审计工作制定了质量标准，此举或许也为政府自己接管审计工作铺平了道路。

## 减半

技术变革正在颠覆传统审计。在不久的将来，以前由审计团队执行的任务和追求的目标将被数字分析和"审计机器人"、更开放的系统和组织、追求更高工作质量及揭露更多审计问题的动力所取代。这些趋势已经影响到四大的人力资源情况，一些国家的成员所正在大幅调整它们的人员招聘计划。

会计师事务所的合伙制度建立在员工对企业的高度忠诚和责任心基础上。然而，在如今的职场中，无论员工还是雇主，忠诚度都已下降。当前，在传统工作关系模式之外，还出现了新型雇佣关系和新的工作方式。例如在美国，多达三分之一的劳动力都已脱离了传统的雇佣模式，成为自由职业者、零工或者临时工。社会上的职业形式变得更加多样，工作时间也更加灵活。

未来十年，某些类型的会计、审计和税务工作必然会实现自动化。重复性的审计工作，非常适合交给机器人来做。大量的审计和咨询工作，会被智能算法和人工智能替代。如果这些事务所能够在即将到来的数字化变革中幸存下来，它们员工中计算机科学家和其他 IT 人士的比例，可能比现在要高得多。会计业会沦落为 IT 业的一个分支吗？随着计算机和 IT 等其他专业技能价值的提升，会计专业技能的重要性将相对下降。未来的审计员，不一定需要是会计师。

无论在企业界还是在大学里，会计和 IT 之间的界限都已被打破。例如，杨百翰大学除了进行传统会计知识教学外，还会教学生掌握由甲骨文和思爱普公司开发的各种企业信息管理软件。可以说，目前的四大合伙人已经不适合管理数据科学团队和 IT 类员工。2015～2016 年，四大的澳大利亚分所共晋升了 274 名新合伙人，其中仅有 59 人来自传统的审计和验证服务领域；在非审计领域的人员招聘中，数字技术和网络技术人才已成为招聘的重点。另外，还有一个更核心的问题，会计师事务所的劳动密集型和杠杆式用工以及以合伙人为终点的职业发展模式，已经不适合数字化的未来。

数字技术属于资金密集型，不需要很多员工。持续出现的技术创新也将取代大量人工。使用机器人工作，无须进行员工招聘、员工激励或晋升。当不再有源源不断的初级员工加入事务所的等级体系中时，合伙人模式将就此瓦解。

## 巨变

资本主义国家的产业变迁史，对四大具有重大的警示意义。无论是在汽车制造、能源、通信、媒体、服务还是其他领域，尽管行业巨头们都曾努力想要成为行业重大变革的引领者，然而不幸的是，它们中的很多企业甚至没能在变革中幸存下来。并且，很多传统行业是被外部企业以意想不到的方式所颠覆。例如，东南亚网约车巨头（Grab<sup>⊖</sup>）和美国第二大打车平台来福车（Lyft<sup>⊜</sup>），就是从外部颠覆了出租车市场，而曾经的摄影和手机领域霸主柯达和诺基亚则因为没有抓住各自行业的技术变革机会走向了没落。当前，特斯拉、耐斯特（Nest）<sup>⊜</sup>、太阳城（SolarCity）<sup>⊛</sup>和谷歌等外部企业所带来的技术创新，也正在从根本上颠覆汽车和能源市场。

越来越多的证据表明，会计业所面临的变革压力也将主要来自外部，并且在这个过程中，业内的传统企业可能会在竞争中落后。这个趋势从四大长期以来对工作标准和方法所做出的渐进且通常是敷衍的调整和改变中，可见一斑。在工作标准方面，会计行业一直是通过对审计准则和道德标准逐步修订的方式来应对紧急状况。普雷姆·西卡在《金融危机和沉默的审计员》中指出，这些渐

---

⊖ 东南亚网约车巨头。Grab 当前提供包括网约车、送餐、酒店预订、网上银行、移动支付和保险服务。——译者注
⊜ 美国第二大打车应用软件。——译者注
⊜ 谷歌子公司，智能温控器制造商。——译者注
⊛ 美国一家专门发展家用光伏发电项目的公司。——译者注

进式的变革并不足以应对行业当前面临的挑战。例如，除非审计准则能针对"审计工作流程、审计利益导向及审计局限性"等当前的现实问题进行根本性的修订，否则审计行业仍然难以重新焕发生机。

在工作成果与方法方面，四大也会通过开拓新业务和采用新名词等方式，定期为自己带来一些改变。例如在咨询业务领域，四大就引入了诸如"企业的社会责任""社会资本""商业委托""公共价值"甚至"企业正念"等名词术语。同时，四大还优化了业务流程和内部组织架构。尽管如此，这些变化所产生的影响，很大程度上仍然微不足道。数十年来，四大的所有权、商业模式、技术和业务活动，都未发生根本性的改变。由此可见，会计业的巨变很可能会被四大以外甚至行业外的企业拉开序幕。

## 风险

四大通过深入涉足清算、诉讼和税务等高风险领域，以及通过对审计工作偷工减料，实现了快速扩张，但同时也累积了越来越多的风险。四大用诚信和工作质量交换利益的短视行为，经常受到指责。然而，这样的情况迟早会结束，以牺牲工作质量为代价追求利益的行为不可能长期持续。在"音乐停止"的宁静时刻，大家将会发现四大的惊人增长其实就是个不断膨胀的泡沫，在泡沫即将破裂时，风险也将加剧。此刻，拉尔夫·华特斯的真知灼见值得我们再次提起："大型事务所就像在一台迟早会停下来的跑步机上奔跑。"

　　曾被视为解决了会计工作淡旺季周期困扰的咨询业务，给四大带来了意想不到的风险，并且还可能加速四大末日的来临。然而，真正给四大带来灭顶之灾的，主要是审计和税务业务，四大因审计和税务业务引起的诉讼源源不断。例如，普华永道目前正因为一家教育培训企业客户——职业公司（Vocation）的破产，而成了一起集体诉讼案的被告。有些诉讼涉及金额高得惊人，如全球曼氏金融（MF Global）<sup>⊖</sup>舞弊案诉讼金额高达 10 亿美元，雅佳控股案和 TBW-殖民银行金融欺诈案不仅旷日持久，金额更是高达几十亿美元。

　　监管机构表示，它们不会允许任何一家四大破产，让四大变成三大。这种态度对四大产生了明显的影响，并引发了极大的道德风险。有国家保障免于倒闭风险的机构，总是倾向于承担更多风险，过去一个多世纪以来银行的破产案例就是前车之鉴。这种国家保障机制，最终的结果适得其反。

　　在其他很多产业中，那些看似地位稳如泰山的垄断寡头企业，在竞争者或颠覆者的搅局下，迅速走向灭亡的案例不胜枚举。制造业、媒体、能源和金融服务业，都曾经历过像英国历史学家尼尔·弗格森所谓的"大灭绝事件"（即二叠纪末的那场大灾难，地球上 90% 的物种都在这场灾难中灭绝）。马修·克劳福德提供了一个

---

非常具有代表性的例子："1900 年，美国共有 7 632 家马车制造商，但是自从亨利·福特发明了汽车，该行业迅速缩减到只有 3 家大型企业。"会计界目前正面临着同样的行业重新洗牌危机，四大有必要及时更新它们的生前遗嘱了。

## 通向未来之路

这，就是我们当前面临的现实局面。四大的终局会以什么样的方式到来？除了安达信那种由重大诉讼或内部漏洞引起的轰然倒塌外，还包括客户流失或者监管行动等外部因素引起的其他各种可能方式。

我们不妨设想一下，假如四大的某家大型客户认为自己已经受够了当前的企业审计模式，决定选择其他检查和问责机制，或者选择其他咨询渠道，同时其他企业也仿效这个做法的话，这样的客户流失将从根本上改变事务所的影响力和影响范围。

这种设想有可能发生吗？大型客户只有在取得监管机构许可的情况下，才能采用其他审计模式，例如完全开放账目，或者完全自动化的检查机制。监管机构对四大的表现感到担忧，同样迫切希望摆脱目前的困境。因此，取得监管机构的许可是可能的，而这些客户也势必会被要求采用一种能带来相同或更好效果的审计模式。(这就是为什么四大会对那些没有明文规定但实际有监管约束的非法定规则和以结果为导向的监管方式、准则感到恐惧。)这些变革最初可以通过实验性和渐进性的方式进行，例如选择一家或多家企业与监管机构合作，可以针对某个特定司法管辖区，也可以只针对特定企业或者特定商业活动进行变革。

在四大的发展过程中，伴随着反复出现的丑闻，监管机构会出台相关补救性的法律、法规和准则。由于这些补救性措施只是对现有法律法规进行最低程度的修订，因而在许多会计、监管和治理领域的研究人员看来，它不过就是一种仪式，其目的仅仅是扑灭丑闻，让一切维持原状。但是，这种表面化和仪式般的补救措施终究会有结束的一天。美国或欧洲的监管机构或许会"重启监管机制"，让会计服务的提供和聘用方式，发生颠覆性的改变。

## 保密

过时的装备、原始的巨型动物、融化的冰山、被偷的奶酪……无论你选择用哪一种比喻，都表示四大已陷入麻烦。过去给它们带来丰厚利润的垄断市场正在快速萎缩。例如，在如今这透明和监管盛行的新时代，过去的避税模式已不再可行，其他许多咨询服务也是如此。在审计领域，新科技也正在同时削弱和侵蚀四大的垄断特权。

四大不是上市公司，所以它们的结局不会像过去4个世纪以来任何一次股灾中的企业那么惨。（即使普华永道在2017年奥斯卡"最佳影片"颁奖中出了错，股价也并未因此下跌，因为它根本没有发行股票。）由于不是上市公司，四大不用受市场分析师、证券交易所、外部股东、传统企业的董事会或者投资大众的监督。并且通常来说，它们彼此之间也不用互相监督。由于四大基本不进行负债融资，所以也不需要接受任何债权人的审查。会计领域的专业人士，甚至是那些学术研究人员，也不愿对可能成为他们未来雇主或赞助人的四大进行过多的批评。毕竟，我们都知道该怎么做才对自己最有利。

此外，四大的特许经营结构也让它们的透明度降低。四大之中，没有任何一家事务所公开过其全球盈利情况或者品牌、IP 等核心资产的完整账目。四大对许多信息都保密，合伙人的个税申报表通常比四大向税务机关报告的情况还能反映问题。

然而，在一个更加透明的新世界中，四大将无法继续保密。客户将会了解到更多有关四大的信息，诸如四大的员工、成本、费用（包括竞争对手类似服务的价格）、能力、工作方法、内部八卦、工作失误以及工作价值（如果有的话）等。即便如此，这也不一定能提升客户购买四大服务的欲望。

在美国上市公司会计监督委员会持续批评四大的审计违规行为，并要求其提升整体审计质量后，四大的审计品牌价值被削弱。过去，四大与其他合规审计机构在工作质量和工作方法上面存在某种程度的差异，但这种差异即将消失。更重要的是，传统的审计方式正在受到威胁。四大员工对自己的审计工作是否创造价值的怀疑，是正确的吗？迈克尔·鲍尔称上市公司审计不过是一个空洞的仪式，他说得对吗？假如客户将审计视为一种普通商品，一种无法带来任何好处的必要商品，这对四大而言将是灾难性的。然而，这个假设已经成为现实，监管机构也已准备对此采取行动。

四大的咨询业务和审计业务，都遭到了商品化、数字化和服务外包的冲击。为应对这种挑战，四大必须进行必要的创新，然而它们的特许经营架构和合伙人模式，对大规模的创新投资形成了阻碍。

四大的杠杆式用工和合伙人晋升路径，都依赖事务所规模的增长，但在以上种种压力之下，四大当前的增长速度势必无法持续。在科技创新的冲击下，四大正遭受着人才和创意的流失。四大以为自己可以控制数字科技，可以"实现自我颠覆"。事实上，它们做不到。

## 风险错误定价

为了应对会计行业日益增长的风险以及动辄就提起诉讼的投资人和客户，四大投入了大量人力和物力进行风险管控。它们设立了庞大的风险控制部门，招募了大批政府合规领域的官员并建立了一个又一个风险控制系统。然而，在四大的管理者对风险性质和风险规模判断错误的情况下，四大依然不堪一击。会计业目前面临的最根本性的风险，例如市场冲击和服务上的落伍，并不是靠合规官员就能解决的。

四大还面临风险定价错误（即服务收费远低于所承担的风险）的危险。如果发生类似于 2008 年金融海啸的会计危机，四大将在劫难逃。例如，在开展大型企业审计时，四大的审计收费通常不足以反映其所承担的风险。像辉煌洛伦佐和愚蠢皮耶罗一样，四大非常不擅于对风险进行定价。四大所经历的数次灾难性事件显示，在审计和税务领域，四大的收费与承担的风险错配最为严重，这或许也暗示了会计服务市场结构和会计服务本身，不利于进行正确的风险定价。在这种情况下，四大承担了大量未能得到补偿的风险。

## 矛盾

四大的品牌价值根植于其辉煌的历史，但是当前四大的形象已经在很大程度上与历史脱节。我们今天所熟悉的四大，更多的是形成于 20 世纪 80 年代和 90 年代的四大，而不是一个世纪前。如今的四大已经走得太远，无法回到它们坚持原则为本的过去。只有当四大真正理解了自己的历史，才有可能明白如何应对当前的冲击，迈向未来。

正如大卫·梅斯特指出的，四大这种"一应俱全""超市式"的多元化经营模式，已被很多行业尝试过，并且几乎都以失败告终。然而，这种模式是如今四大发展战略的核心。纵观四大的增长历史，扩张的冲动与维持人力运营的要求之间，存在着内在的冲突，其他方面的矛盾也不容小觑。审计未来应该追求标准化还是差异化？四大应该服务于公共利益还是私人利益？从严以律己的贵格会理念到充满活力的投资银行风气，四大被各种不同文化影响。尽管它们也已经在招聘和多样化方面采取了开放的态度，但是内部的从众和中庸主义压力，仍然非常大。

20 世纪初，有些会计师是唯心论者，少数会计师加入了更隐秘的圈子。伦敦普华事务所的早期合伙人吉尔伯特·加恩斯对数字非常精通，以至于他曾被指责玩弄玄学。在会计学和数学发展的早期，这两门学科都环绕着神秘的光环。这种神秘的光环始终没有完全消散，不过这对已经脱离科学范畴的会计学来说，未尝不是一件好事。会计学领域如今面临的矛盾如此尖锐，或许只有魔法才能调和。

如果没有了四大，我们会失去什么？四大又将会留下什么？毫无疑问，四大的确让企业更加负责、运作更加高效。但是董事会、银行、竞争管理机构、战略咨询公司、系统工程师、经济顾问、专业企业顾问、内部提升小组、一线员工及业务系统和报告方面的技术进步也有同样的作用。四大的监督和顾问职能，极易被挑战和取代。

也许，损失最大的将是四大的合伙人。合伙人制度、合伙人专用休息室、合伙人专用停车位……所有这些都可能像消失的亚马孙部落仪式，或者中世纪晚期的银行交易，又或者火车清算所错综复杂的循环审议一样，变得陌生而遥远。

# 后　记

　　四大曾经审计过几家投资于麦道夫庞氏骗局的资产管理公司。但是，正如美国审计质量中心的辛迪·福内丽在 2008 年下半年对《时代》杂志所言："资本管理公司的审计师，没有责任审计它所投资的企业做出的投资。"麦道夫则完全避开了四大，让一家据说与他妹夫有关系的事务所进行审计。其他有关他的报道中还提到 Friehling & Horowitz 事务所，这家小型事务所位于距离纽约市区约 50 公里的北郊，并且只有一间不大的办公室。

　　Friehling & Horowitz 审计了麦道夫 2006 年的财务报表并出具了审计报告，证明这些财务报表"符合美国一般公认会计原则的规定"。在麦道夫的庞氏骗局中，受损最严重的前五名投资人包括奥地利的美第奇银行。该银行经此打击后元气大伤，并于一年后丧失了银行牌照。

# 致　　谢

　　我们写作本书的目的，并不是要创作一部学术巨著。为写作本书，我们竭力搜寻各个领域的参考资料，包括企业的发展史、创始人的回忆录、早期的贸易期刊、历史报纸和杂志、媒体文章、社交媒体、四大员工的博客、档案资料以及四大在职和离职员工在采访中所讲述的亲身经历。在本书中，凡是涉及四大现任和前任合伙人或员工的回忆，我们均采用了化名，但保留了其真实的职位。在此，我们必须对那些协助我们完成此书或以其他方式支持和启发我们的四大人，献上诚挚的谢意。

　　有关参考资料的详细信息，列示在本书附录中。我们要特别感谢 Mark Stevens、Julia Irvine、David Maister、Paul Gillis、Francine McKenna、Raymond Doherty 和 Stephen Zeff 对会计行业的研究；感谢 Christian Wolmar 对英国铁路史的研究；感谢 Tim Parks、Niall Ferguson、Christopher Hibbert 和 Gene Brucker 对美第奇银行的研究。我们也非常感激哈佛商学院、莫纳什大学的同事们以及 Black Inc. 出版公司团队的支持和启发，特别是 Sophy Williams、Chris Feik、Julian Welch、Kirstie Innes-Will、Anna Lensky 和 Kim Ferguson。最后，我们还要感谢我们的家人和朋友对我们的理解和包容，让我们可以全身心地投入这项工作。